JN017046

BLOF(ブロフ)理論で有機菜園

初めてでもうまくいくしくみ

三澤明久 著　小祝政明 監修

農文協

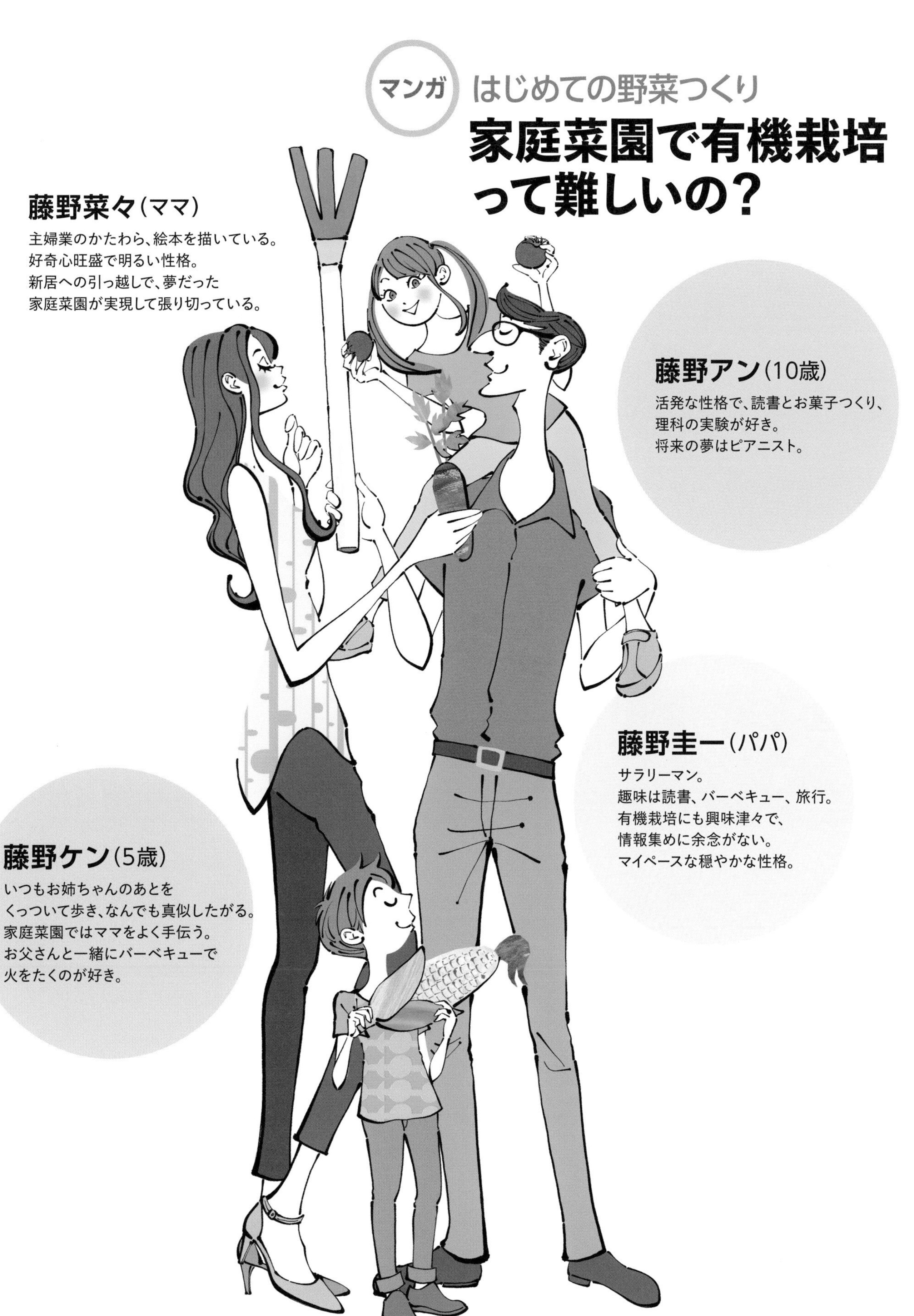

マンガ
はじめての野菜つくり
家庭菜園で有機栽培って難しいの？
藤野菜々（ママ）
主婦業のかたわら、絵本を描いている。
好奇心旺盛で明るい性格。
新居への引っ越しで、夢だった
家庭菜園が実現して張り切っている。
藤野アン（10歳）
活発な性格で、読書とお菓子つくり、
理科の実験が好き。
将来の夢はピアニスト。
藤野圭一（パパ）
サラリーマン。
趣味は読書、バーベキュー、旅行。
有機栽培にも興味津々で、
情報集めに余念がない。
マイペースな穏やかな性格。
藤野ケン（5歳）
いつもお姉ちゃんのあとを
くっついて歩き、なんでも真似したがる。
家庭菜園ではママをよく手伝う。
お父さんと一緒にバーベキューで
火をたくのが好き。

わたしたちが新居に
引っ越してきたのは
2年前の5月初旬
庭で野菜を
育てるのが夢
だったものね
新しいお家！
素敵ね！
大きい！
お庭もある！
広ーい！
すごーい！

5坪ほどの小さな
庭だけれど、わたしたち
には十分の広さ
十分よ。家族4人、
食べきれないほどの
量がとれるわ
せますぎる
かな？
ジャガイモ！
キャベツ！
トマト！
ナス！
キュウリ！

引っ越して1週間
後にはさっそく
5種類の苗を植えた
野菜つくり
なんて初めて
じゃなかった？
ちゃんと本で
勉強してるんだから

トマトのウネは
60cm幅
株間は45cm
ホームセンターで
買った野菜の
肥料も忘れずに！
チッソ、リン酸、カリ
14：14：14！

2週間後
大きくなって
きたね！
順調でしょ
いつ
とれるの？
ママ
すごい！

さらに1ヵ月後
アオムシ！
キャベツは穴だらけだね
農薬は使ってないから仕方ないわ
でも安心安全なんだから！

トマト、実が少ない？
木は大きいのにね
これからよ
アブラムシ！

キュウリ元気なさそう
斑点は病気？
お天気の悪い日が続いたせいね

迎えた初収穫は、とれたての野菜でバーベキュー
収穫は少なめで、穴だらけになったものも多かったけど
お庭でとれた野菜は本当においしくて、大感激だった

そしてすぐに秋の野菜つくりスタート

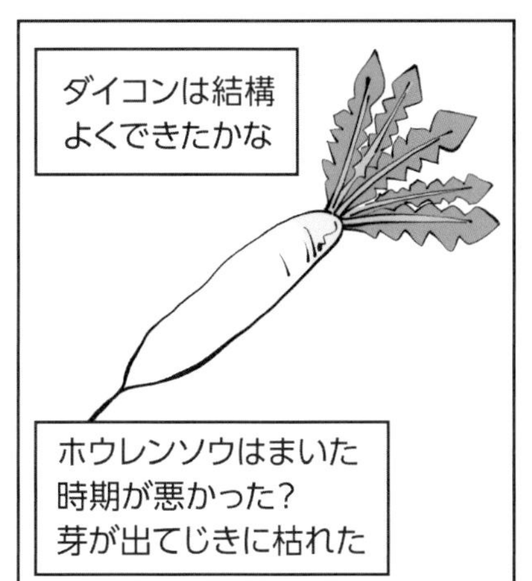
ダイコンは結構よくできたかな
ホウレンソウはまいた時期が悪かった？芽が出てじきに枯れた

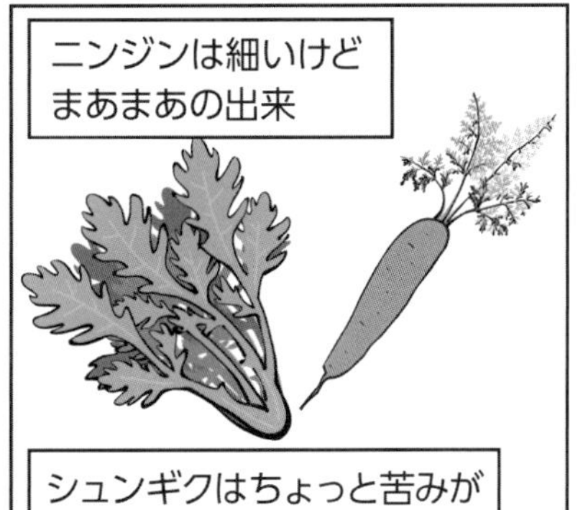
ニンジンは細いけどまあまあの出来
シュンギクはちょっと苦みが強いけど大人の味？風味があっていいよね

わたしってもしかして才能ある？
来年はもっと頑張るぞー!!

2年後——
なんでかな……
今年はぜんぜん
うまくできなかった
ちゃんと水も肥料も
あげてる
本に書いてある
とおりやってるのに

最初の頃と
比べて…
だんだん
悪くなってる?

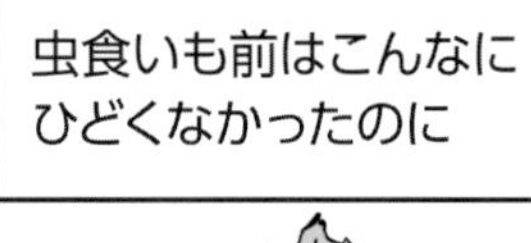

虫食いも前はこんなに
ひどくなかったのに
食べるとこない
じゃない?

ニンジン裂け
すぎでしょ!
トマトも割れすぎ

ジャガイモ大きい
やったあ!
と思ったら中が
空洞でスカスカ

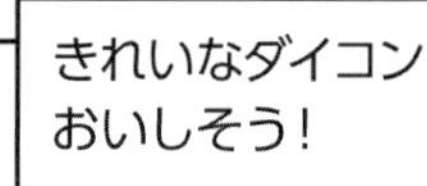
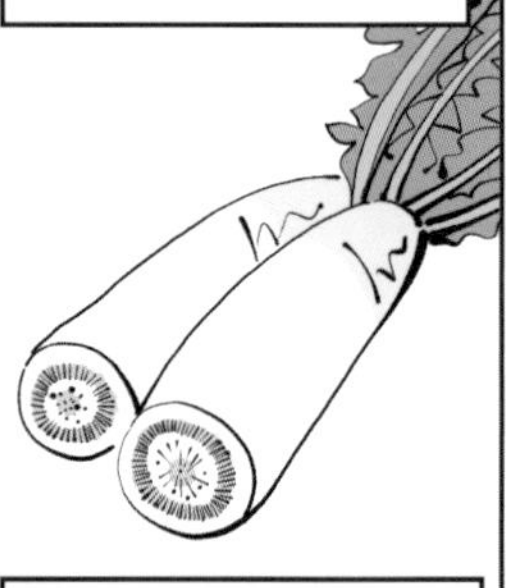
きれいなダイコン
おいしそう!
切ったら黒い
スジとすき間だらけ

ミニトマトもエダマメ
も、木は大きいのに
ちっともいい実が
ならない

なんでキャベツも
ハクサイも丸く
ならないの?

葉っぱが下の
ほうからどんどん
枯れちゃう

どうすればいいの?

ホウレンソウなんて
この3年1度もちゃんと
育ったことがない
土もどんどん
硬くなってきてる
子供たちも
じつはスーパーで
買ってきた野菜の
ほうが喜んでない？
無農薬だから体によくて
栄養たっぷりって
ただの思い込みだったん
じゃない？
ママ、お野菜
おいしい！
トマト甘い！
また買って！
しかも前からうすうす
思ってたこと……
無農薬だからって
それほどおいしく
ない？
とれない！
できない！
おいしくない！
不作三重苦？！
ママ
少し前に
書店でいい
本を見つけ
たんだ
『BLOF理論で
有機菜園』？

家庭菜園で
有機栽培
……?!

素人が
有機栽培
なんて
無理よ!
読んでみた
んだけどね

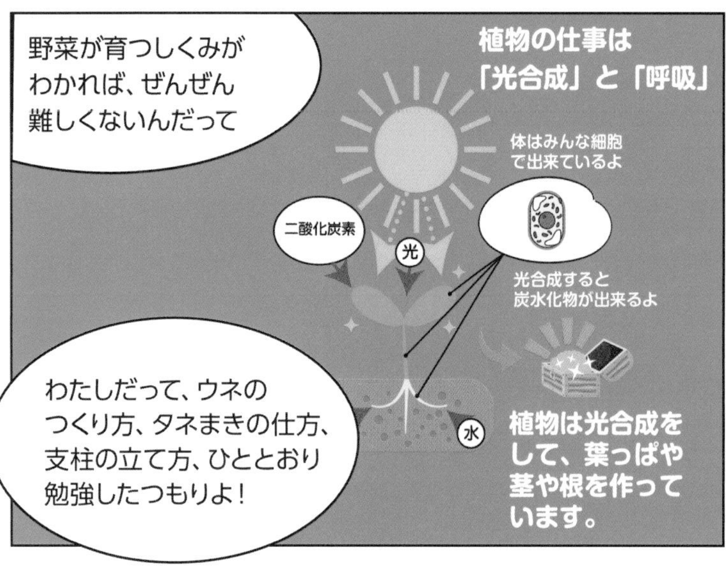
野菜が育つしくみが
わかれば、ぜんぜん
難しくないんだって
植物の仕事は
「光合成」と「呼吸」
体はみんな細胞
で出来ているよ
二酸化炭素
光
光合成すると
炭水化物が出来るよ
水
植物は光合成を
して、葉っぱや
茎や根を作って
います。
わたしだって、ウネの
つくり方、タネまきの仕方、
支柱の立て方、ひととおり
勉強したつもりよ!

小学校で
「光合成」って
習っただろう?
酸素
二酸化
炭素
植物は同時に
呼吸もしている
って覚えてる?

こう・ごう・せい
……?
こきゅう
……?

成功の鍵は
その2つに
あるらしい
それがわかれば
病害虫も減るし
実も甘くなる
今までの
2倍も3倍も
とれるように
なるって

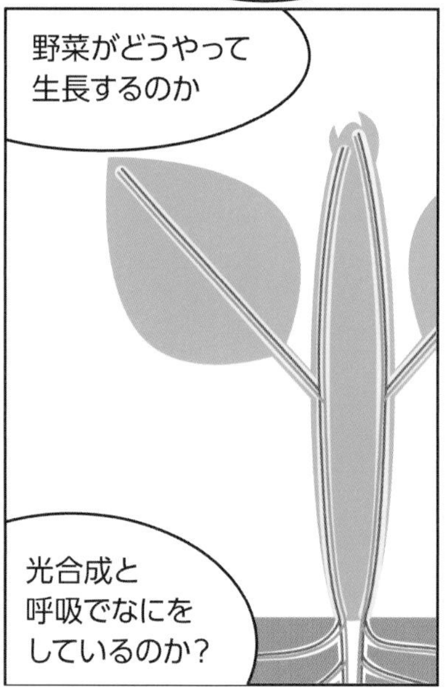
野菜がどうやって
生長するのか
光合成と
呼吸でなにを
しているのか?

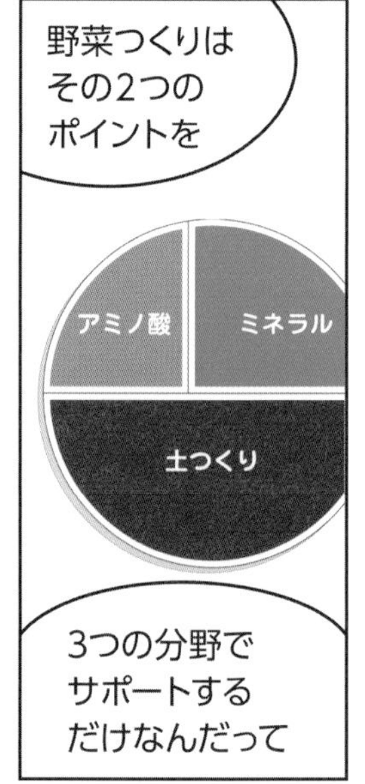
野菜つくりは
その2つの
ポイントを
アミノ酸
ミネラル
土つくり
3つの分野で
サポートする
だけなんだって

ママ、この本で勉強して
春から一緒にやってみない？

わたしも一緒
にやりたい！
ボクも！

悩んでいたことの
答えがきっと
見つかるはずだよ

パパ！

そうね、やってみよう！
BLOFの有機菜園に
挑戦ね！
オー！
トウモ
ロコシ！
わたしも
手伝う！

INTRODUCTION

おいしくて栄養価の高い野菜が、無農薬で驚くほどたくさんとれる! 「BLOF理論」の有機栽培なら、そんな夢がかないます

有機栽培＝化学的に合成された肥料や農薬を使わない栽培方法。「有機＝無農薬」ではなく、自然界に由来する農薬であれば、有機栽培でも使用することがある

せっかく自分で野菜を育てるなら、無農薬で、安心・安全で、おいしくて、栄養たっぷりの野菜をつくりたいと、誰でも思いますよね。ただ実際は、野菜つくりの本や雑誌を読みながらやってみても、病気や害虫に悩まされたり、木が大きくならなかったり、実が小さかったり、おいしくなかったり、甘くない、ということが起きます。

どうしてうまくいかないのでしょうか？ その理由は簡単です。ほとんどの本は、タネまきの仕方や苗の植えつけ方といった栽培の「方法」については書かれていても、そもそもどうして野菜が元気に育つのか、どうしたら病気や害虫にやられにくい強い生育になるか、多収穫で、しかも甘くおいしい実がなるのか、という、基本的な大切なことに触れていないからです。

本書では、ジャパンバイオファームの小祝政明氏が開発した「BLOF理論」をもとにした野菜栽培の理論と方法を、家庭菜園向けにわかりやすく紹介しています。一般的な「野菜つくり」の本とはかなり違いますし、「連作してもOK」など、常識とはまったく反対のことも書かれています。なによりこの本は「非常識なぐらいおいしくて多収穫できる」、すごい野菜つくりを、初心者でも実現できることを目指しています。しかも、病気や害虫の被害が少なく、化学農薬の散布の必要もないので、普通よりもずっと楽で、簡単につくれるのです。

おいしくて多収穫なのに無農薬で楽につくれるなんて、信じられないかもしれません。でも、そう確信を持って言えるのは、僕自身がそれを体験してきたからです。

BLOF理論に出合う以前は、家庭菜園を５年ほど自己流で楽しんでいましたが、病気や害虫にすぐやられ、収穫量も少ない。実がついてもあまりおいしくない。ホウレンソウは何度タネまきしても芽が出てこない。そんなことを繰り返していました。

そんな自分が、小祝政明氏のBLOF理論に出合って約３ヵ月後、植えたハクサイは農薬なし、防虫ネットもなしで、大きくきれいな玉が取れたのです。初めてホウレンソウも立派なものをとることができました。ダイコンもシュンギクもニンジンも、おいしくて素晴らしいものがとれました。

その頃はまだ、BLOF理論を10分の１も理解できていなかったでしょう。ところが、ポイントだけを学び、見よう見真似で栽培してみただけで、いきなりすごい野菜がとれてしまったのです。かつて僕がそうだったように、まずはBLOFの栽培を体験してみてください。それまでに比べれば、はるかによい野菜がとれるようになるはずです。

本書で大切にしているのは、「野菜はどうして元気に育つのか」という、そもそもの基本的な「しくみ」の部分です。しくみがわかると、うまくいったときも失敗したときも、その理由がわかり、次はどうすればいいのかが、自分で考えられるようになって、どんどん上達していきます。

初心者の方にもわかりやすく、小さな畑やプランターでも実践しやすいように書きました。非常識なまでにおいしくて、ありえない収穫量で、普通の２倍も３倍も甘みや栄養価の高い有機野菜つくりのコツを、ぜひつかんでください。

BLOFなら、こんな野菜がつくれます!

写真は、BLOF理論の有機栽培でつくった野菜です。驚くほどたくさん実をならせながら、糖度、栄養価は通常の2倍、3倍にもなります。

一房に10個以上も実がついた大玉トマト(なかや農園撮影)

普通、キュウリは1つの節に1本の実がなる。写真では、5つの実がついている

BLOFでつくった色鮮やかな野菜たち(関根農園)

インゲンは、1m²から1kgの収穫が平均的。BLOFの栽培では、7倍の7kgを実現した

根が深く張り、大きく育った葉ネギ(萩原紀行撮影)

無農薬でも虫食いがなく光沢のあるハクサイ

目次

3章 一発逆転の必殺技!? 「太陽熱養生処理」

4章 野菜のタイプ別育て方

5章 各野菜の BLOF栽培レシピ

6章 ワンランクアップの有機菜園テクニック

1章 BLOFって何?
——有機栽培がうまくいく「しくみ」

有機栽培だからこそ、多収穫でおいしくて、
病害虫に強い野菜がつくれます。
そのしくみを、「BLOF理論」をもとに紹介します。

1 BLOFの3つの要素「土つくり、ミネラル、アミノ酸」

有機栽培は失敗して当たり前？

家庭菜園は、この数年でブームに加速がついてきています。せっかくなら、無農薬で安心・安全なおいしい野菜を育ててみたいと、有機栽培に挑戦する人も増えています。

ただ実際には、堆肥や米ヌカ、ボカシ肥を入れているのに生育が悪い、病気や害虫の被害が多いと悩む人が多いのです。失敗体験から、「やっぱり有機栽培は難しい」「素人がいきなり有機栽培なんて無理」と思ってしまったり、「有機栽培だから実が小さいし、収穫量も少ない」といった思い込みも生まれます。

じつは、うまくいかない理由は、有機栽培で野菜がよく育つための、基本的なしくみを知らないからです。今までの有機栽培は、経験や勘に頼るものが多く、しっかりとした根拠を持たないものがほとんどでした。

どんな有機肥料をどのくらい入れれば本当に効果的で、収穫量が多くなり、甘みや栄養分が増すのか、という部分はあいまいでした。経験や勘に基づく有機栽培は、つくる人によって差があったり、ある年にはうまくいったり失敗したりという、不安定なものになります。

楽においしくつくれる「しくみ」がある

じつは、有機だからこそ、病気や害虫に強く、手間もかからず楽に、高品質、多収穫を実現できるのです。有機栽培がうまくいく方法を、客観的に、科学的にとらえて、わかりやすく、誰でも真似できるようにしたのが「BLOF理論」です。

BLOFとは、「Bio Logical Farming（バイオ・ロジカル・ファーミング）」の略で、「ブロフ」と読みます。

難しく言うと「生体調和型農業理論」ですが、簡単に言うと「有機栽培」のこと。作物本来の生育の理由、自然の法則にのっとって、野菜の健康な生長を促すのがBLOFの有機栽培です。

少し勉強すればすぐにわかることですが、うまくいかない理由のほとんどは、野菜の生育にとって必要不可欠なミネラル分の不足に気づいていないことがあげられます。

BLOF理論の円

BLOF理論には、大きく分けて３つの重要な分野があります。それをわかりやすく示したのが、右ページの円です。

１作物の生長の土台となる「土つくり」
２人間にも植物にも、生きていく上で欠かせない「ミネラル」
３野菜のカラダつくりを行う「アミノ酸肥料」

この３つは、作物をよく育てる上で、優先順位の順になっています。また、円に占めるそれぞれの比率も重要です。土つくりの部分が一番大きく、次にミネラル、最後にアミノ酸、となっています。

まずよい土ができていなければ、野菜はその上に立つことはできません。そしてミネラルが不足すれば、アミノ酸肥料をよく生かすこともできません。

３つはどれも重要で欠かせないものですが、その重要度には順番があるということを忘れないようにしましょう。

BLOF理論

Bio Logical Farming

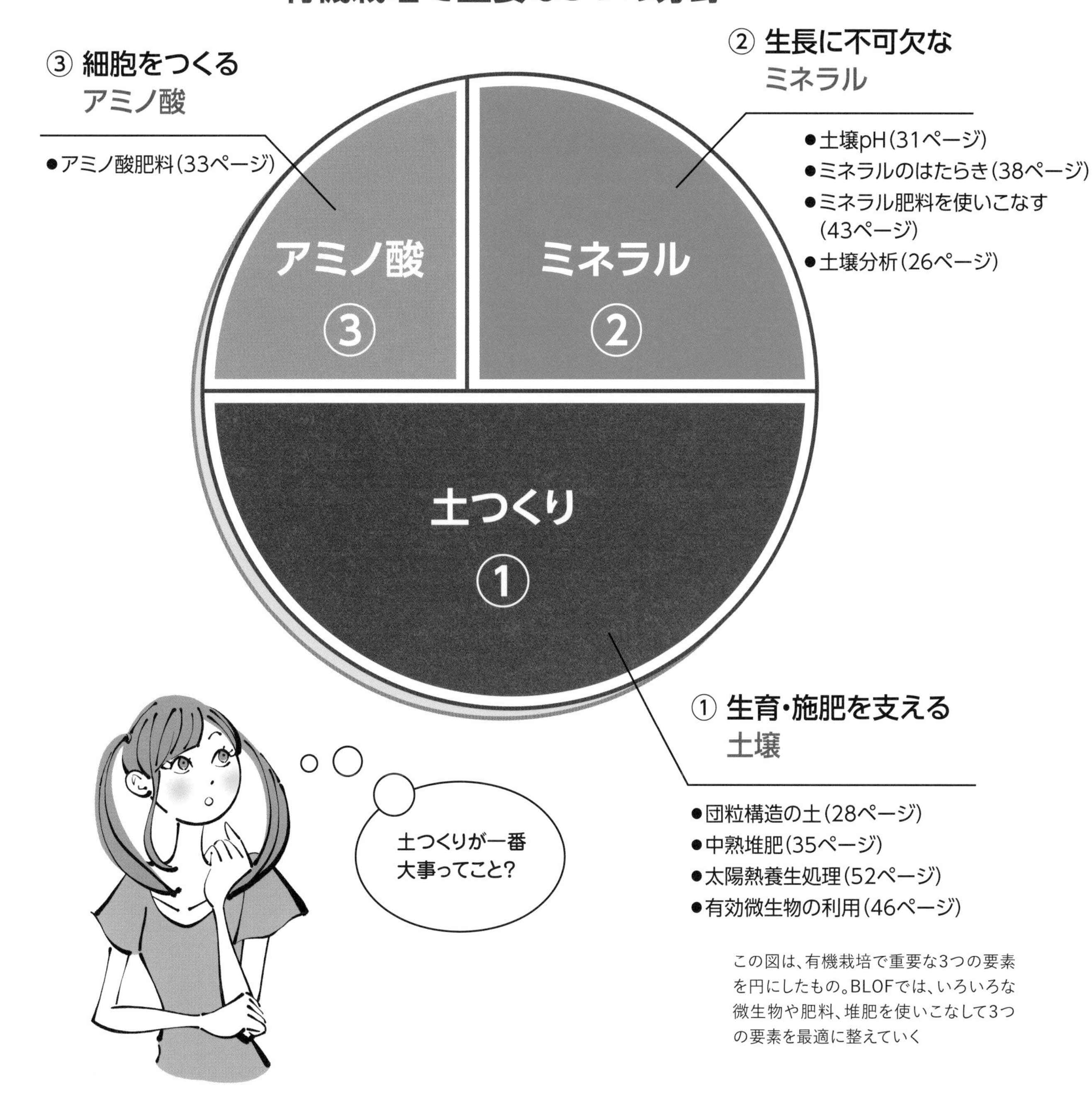

この図は、有機栽培で重要な3つの要素を円にしたもの。BLOFでは、いろいろな微生物や肥料、堆肥を使いこなして3つの要素を最適に整えていく

2 野菜が育つしくみとは？
――光合成、呼吸、炭水化物

植物のカラダは、炭水化物でできている

BLOF理論の３つの分野を詳しく紹介する前に、まずは植物の生長のしくみを少しおさらいしましょう。

人がお米やパン、肉や野菜を食べてエネルギーをつくり、カラダを成長させるのと同じように、植物は「光合成」をして生長します。よい野菜を育てるには、いかに活発に「光合成」を行えるかにかかっているといえるのです。

①植物の仕事は「光合成」と「呼吸」

植物が行っている仕事は、主に「光合成」と「呼吸」です。「光合成」では、太陽の光と二酸化炭素、水を利用して「炭水化物（ブドウ糖）」をつくります。

炭水化物は、カラダをつくる材料に使われると同時に、呼吸するためのエネルギーとしても使われます。

②「細胞」と「センイ」

野菜のカラダは大きく分けて「細胞」と「センイ」からできています。細胞は、光合成でつくられた炭水化物とチッソが結びついてできたアミノ酸の集合体「タンパク質」からつくられます。

しかし植物は、「細胞」だけでは生きられないし、地

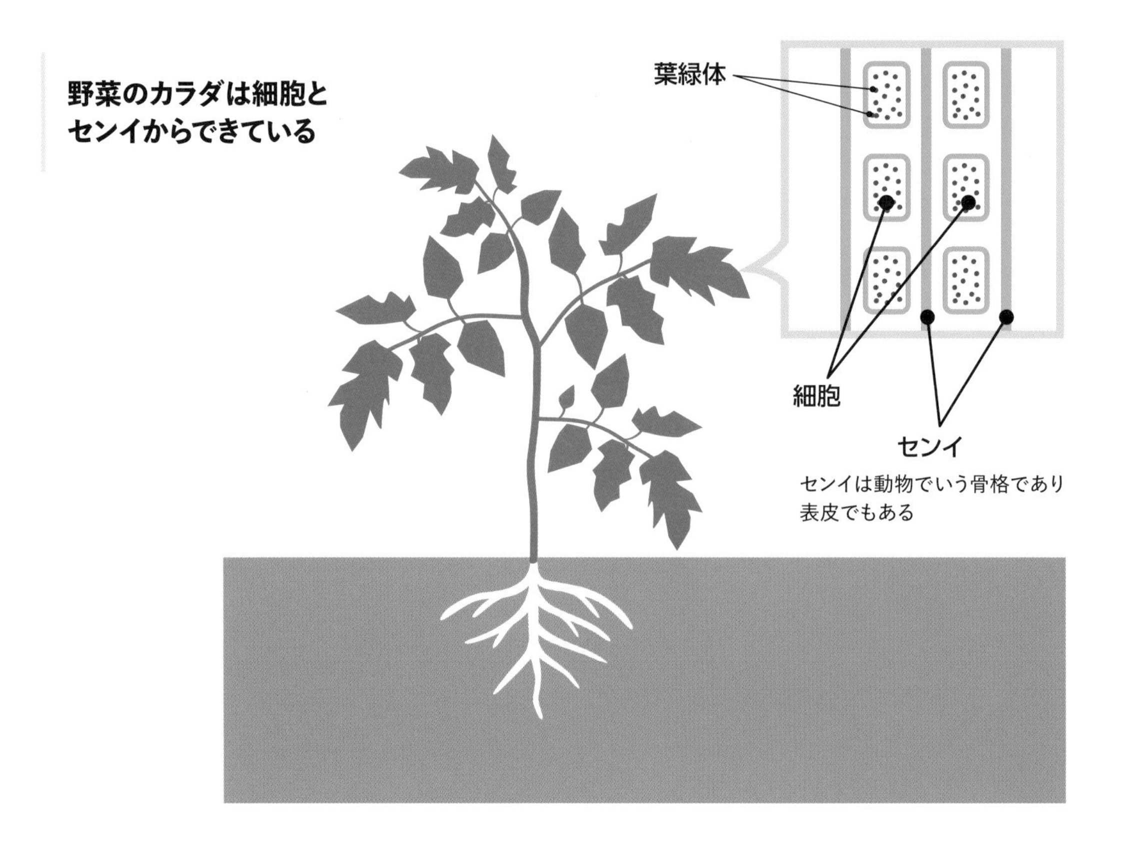

上に立つこともできません。細胞を包む「細胞壁」、つまりセンイが必要です。センイは、光合成で生産された炭水化物どうしが結びついてできているもので、代表的なものにセルロースがあります。

センイは、養水分の通路として機能する（維管束）ほか、カラダを支える骨格としての役目や、表皮を硬くして病害虫から身を守るという役目もあります。

炭水化物は、強く、大きく育つための鍵

細胞にしても、センイにしても、野菜のカラダをつくる基本材料になっているのが、「炭水化物」です。植物にとっては、炭水化物をたくさんつくることが一番大切なことなのです。

炭水化物がたくさんあれば、カラダを大きくしたり、実をたくさんつけたり、硬い「センイ」でカラダを守り、病気や害虫から身を守ることもできるようになります。

また、炭水化物を余分にたくさん持っていたら、もし天気が悪い日が続いて光合成がうまくできないときでも、すぐに弱ってしまわずに、生育を保つことができるようになります。

多収穫とおいしさの秘密も炭水化物に

野菜をおいしく、栄養価の高いものにするためにも、炭水化物が重要です。

甘さのもとになる糖をはじめ、ビタミンやデンプン、ビタミンCやA、Eなどは、すべて炭水化物が材料です。つまり、おいしさの秘密は、いかにたくさんの炭水化物を持っているか（つくれるか）ということなのです。

BLOFの有機栽培では、土の環境を整えて植物に光合成を最大限してもらい、炭水化物を余るほどにつくってもらうことを目指します。

植物の仕事は「光合成」と「呼吸」

植物は光合成で二酸化炭素と水を材料にして、炭水化物をつくっている。炭水化物は細胞やセンイなど、植物のカラダつくりの材料となる。
いっぽう、葉や根は酸素を吸って二酸化炭素を出す「呼吸」も行っている

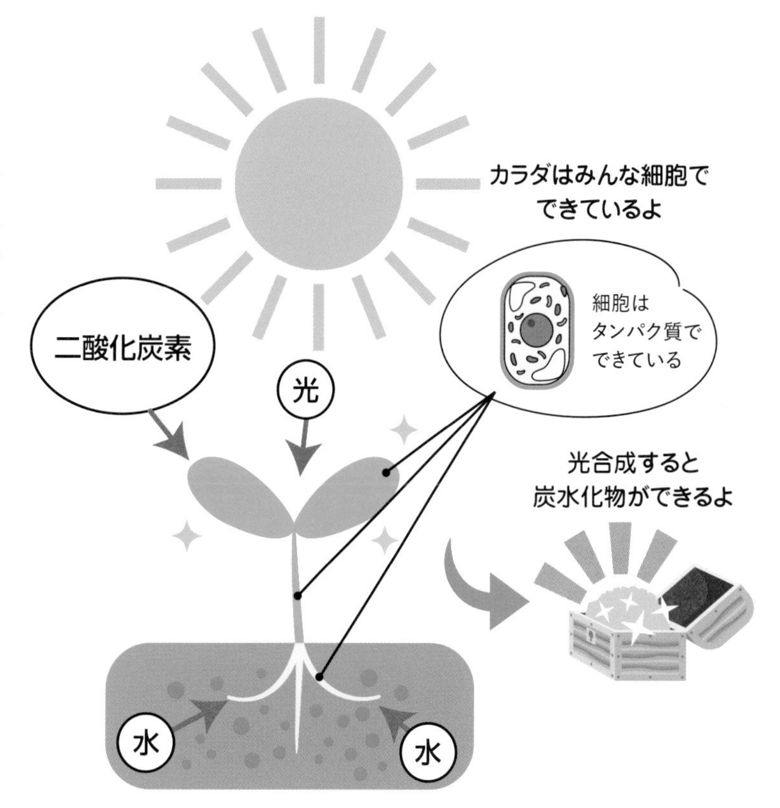

植物は光合成をして、葉っぱや茎や根をつくっている

3 植物は、根からアミノ酸や炭水化物を吸収できる！――有機栽培最大のメリット

根は有機物を吸収できることがわかった

ここまでで、植物にとっていかに炭水化物が重要かがわかってきたことと思います。炭水化物は植物が光合成でつくるものですが、もし炭水化物や、そこから合成するアミノ酸を根から直接吸収することができたら、もっと効率的に生育できるとは思いませんか？

2001年以前に中学校を卒業している人たちは、学校で「植物が根から直接吸収できるのは無機物だけ」と教わっているはずです（無機物とは炭素を含まない物質のこと）。ところが2002年、アミノ酸のような有機（炭素を含む物質）の肥料養分も根から吸収できることが証明されました。それまでの常識を覆す大事件でした。

実はBLOF理論の提唱者、小祝政明氏は、東京大学や理化学研究所といった機関が公式に発表する前に、このことに気づいていました。小祝氏は、有機栽培で慣行栽培をはるかに上回る収穫量や栄養価を実現している農家の事例を目の当たりにし、そのメカニズムを

アミノ酸は細胞のもとになる

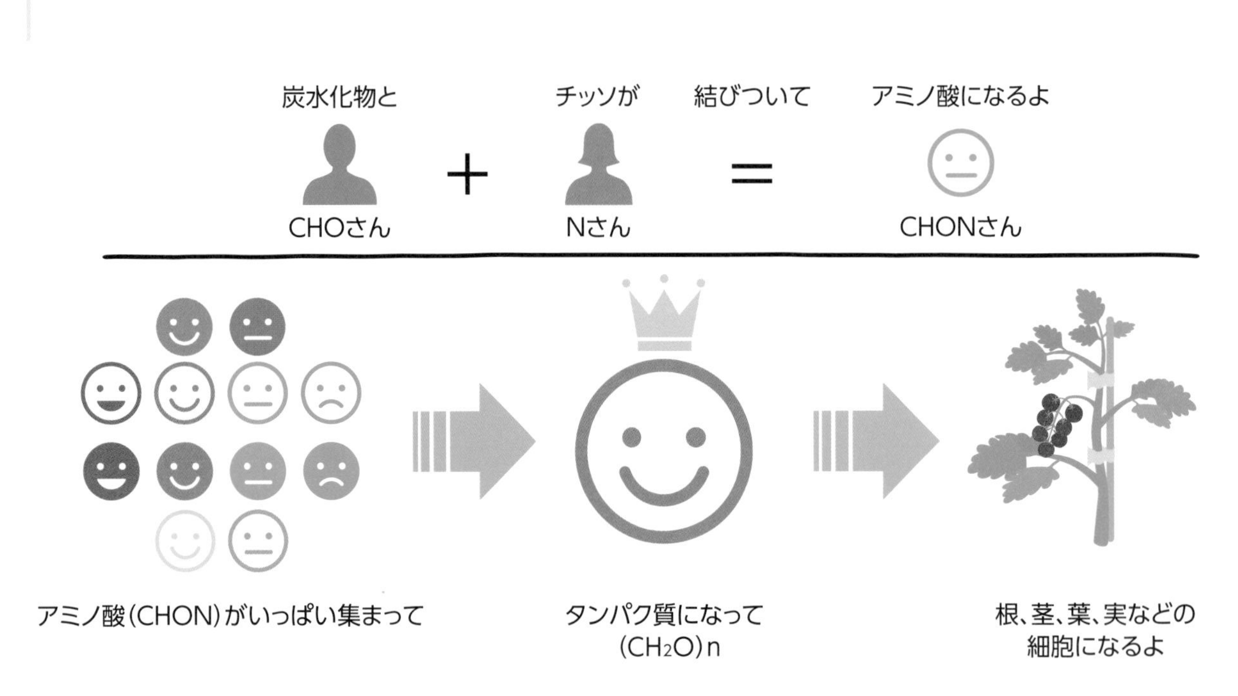

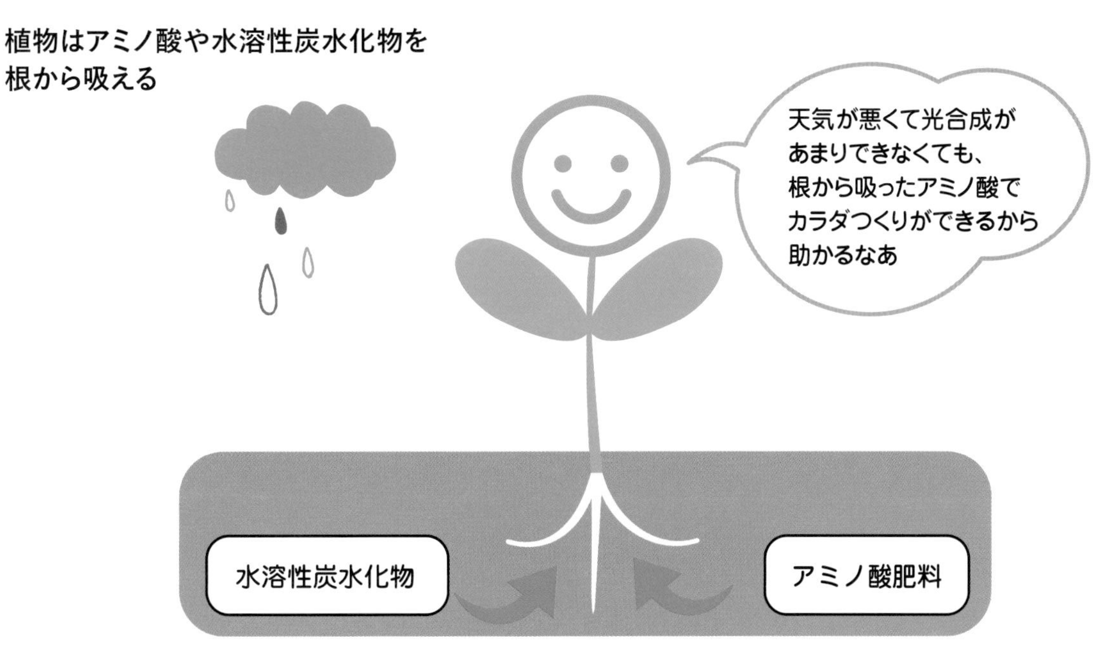

アミノ酸や水溶性炭水化物は、太陽の代わりともいえる

研究していました。アミノ酸合成の化学式を見ていて、ある仮説にたどりついたと言います。

「植物の体内でチッソ（N）とCHO（炭水化物）が結びついてアミノ酸（CHON）になるなら、最初からアミノ酸を与えれば非常に効率的なのではないか？有機栽培で使う有機肥料には、アミノ酸が含まれている。これを根から直接吸収するから、収穫量も栄養価もよくなるのではないか」。まさにその通りだったのです。

また、有機栽培では堆肥も使いますが、堆肥が分解してできた水溶性炭水化物も根から直接吸収され、体内でさまざまに活用されることもわかってきました。

アミノ酸肥料のメリット

①植物体内の炭水化物量が増える

化学肥料には硝酸態のチッソがおもに含まれますが、植物は硝酸を亜硝酸、アンモニアに変え、そのアンモニアを光合成でつくられた炭水化物と結合させてアミノ酸を合成する必要があります。しかしこの合成には大きなエネルギーを消費します（次ページの図）。

いっぽうBLOFの有機栽培では、アミノ酸を含む有機肥料を植物に与えます。アミノ酸を根から直接吸収できるので、化学肥料栽培で行われるアミノ酸合成の工程をショートカットできるのです。そのため、作物は非常に効率よく生長することができるのです。

アミノ酸肥料は、炭水化物を持ったチッソ肥料といえます。「カロリーつきのチッソ」ということもできるでしょう。化学記号で見ると、よりわかりやすくなります。

チッソ（N）＋炭水化物（CHO）＝アミノ酸（CHON）

作物は、炭水化物を消費する量が少なくてすむ上、合成する際のエネルギーロスも少なくなります。その結果、植物の体内の炭水化物には余剰が生まれます。この余った炭水化物で、カラダを大きくしたり、収穫量が増えたり、味や栄養を濃くしたり、病害虫に強いカラダをつくっていくことができるのです。

②根酸が増えて、ミネラル吸収力がアップ

炭水化物のもう一つの大切な役割は「根酸（こんさん）」をつくることです。

本来水に溶けにくいカルシウム、マグネシウム、鉄、マンガン、亜鉛といった、植物の生長にとって欠かせないミネラルを根酸が溶かすことで、根が吸収できるようになります。炭水化物を豊富に持っていればいるほど、根から根酸が十分に分泌され、養分を多く吸収できるようになります。

根酸が十分につくられるためには、根のまわりに十分な酸素があることも重要です。根に送られた炭水化物が、酸素に触れて酸化することで「根酸」がつくられるからです。

また、炭水化物が余れば余るほど、根酸の量が増えることで根の周辺のpHが低くなり、低pHを嫌う病原菌や害虫の増殖、侵入を防ぐこともできるようになります。

炭水化物をより多く余らせることは、地上部の生育だけでなく、地下で伸びる根を強くするためにも非常に重要だということがわかるでしょう。

③表皮が強くなり、病害虫にやられにくくなる

炭水化物は、チッソと結びついてカラダの細胞をつくるだけではなく、炭水化物どうしが鎖状につながっ

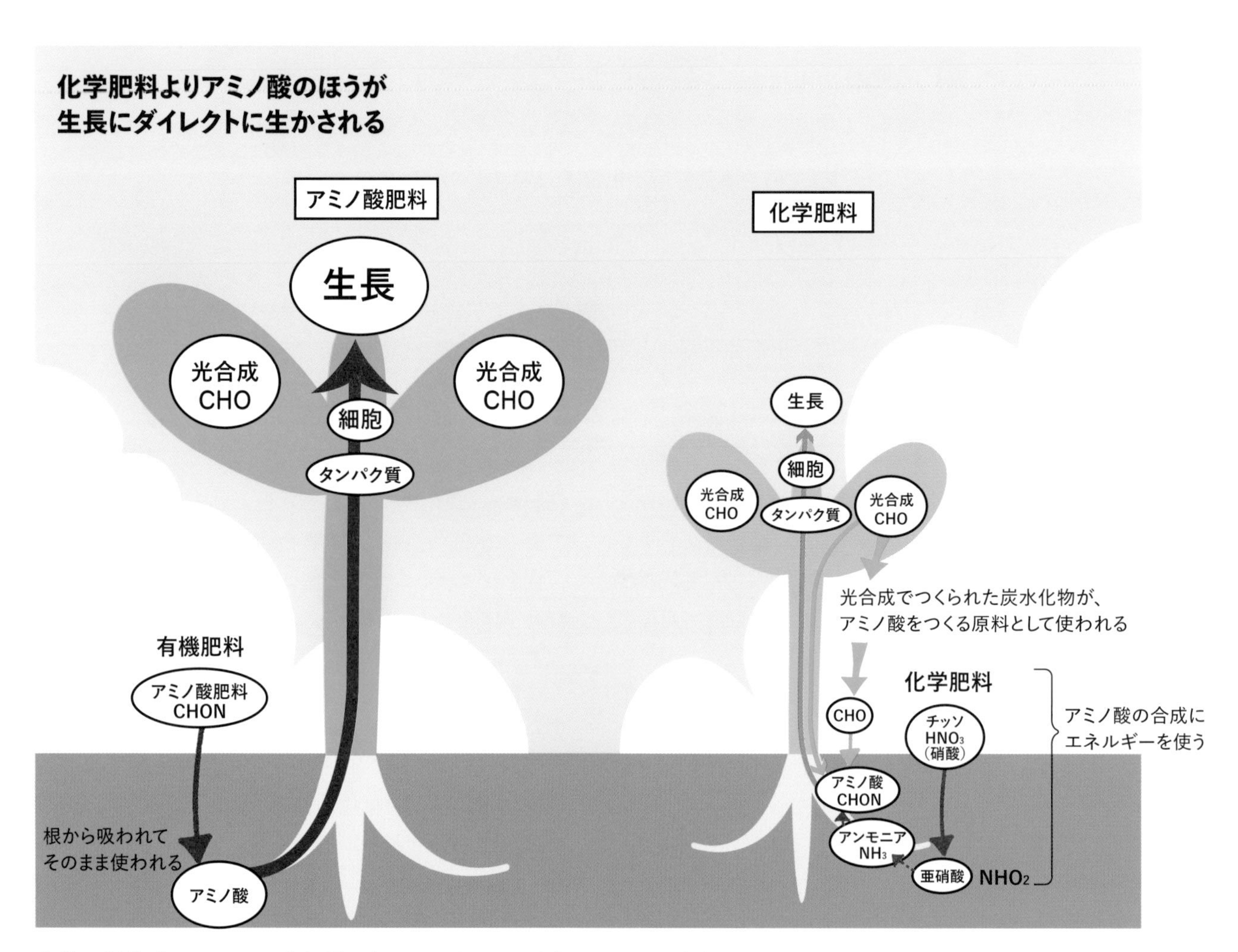

化学肥料栽培では、チッソ（硝酸）が根から吸収され、酵素によって亜硝酸、アンモニアと順次変化されていく。そのアンモニアと光合成でつくられた炭水化物が結合し、アミノ酸になる

て、細胞壁、センイ＝セルロースをつくります。

炭水化物が少なく、チッソばかりが多いと、細胞が増えてもそれを守る壁をつくる材料（炭水化物）が足りなくなり、表皮が薄くなって軟弱な育ちになってしまいます。弱いカラダには、病原菌、カビが入りやすくなったり、細胞のニオイが漏れだして、害虫の被害に遭いやすくなります。

いっぽうBLOFの有機栽培では、化学消毒や農薬、防虫ネットなしでもキャベツやハクサイが虫食いの被害にほとんど遭いません。その理由は、炭水化物を余らせることで、「クチクラ層」をつくれることにあります。

クチクラ層とは、葉や茎の表面にできるワックス（油脂）層です。油脂分なので、見た目にも葉の照りがよくなり、ピカピカ光るようになります。また、水やりをすると、サトイモの葉の朝露のように、水が玉になって躍るようになるので、クチクラ層ができているかどうかはすぐにわかります。

病原菌の90％はカビの仲間だといわれていますが、油の上では、菌は繁殖できません。また害虫は、油をお腹の中で消化できません。油を消化する酵素を持っていないからです。害虫は油が嫌いだし、ピカピカ光る葉っぱも大嫌いなのです。クチクラ層ができることで、病害虫を寄せつけなくなるのです。

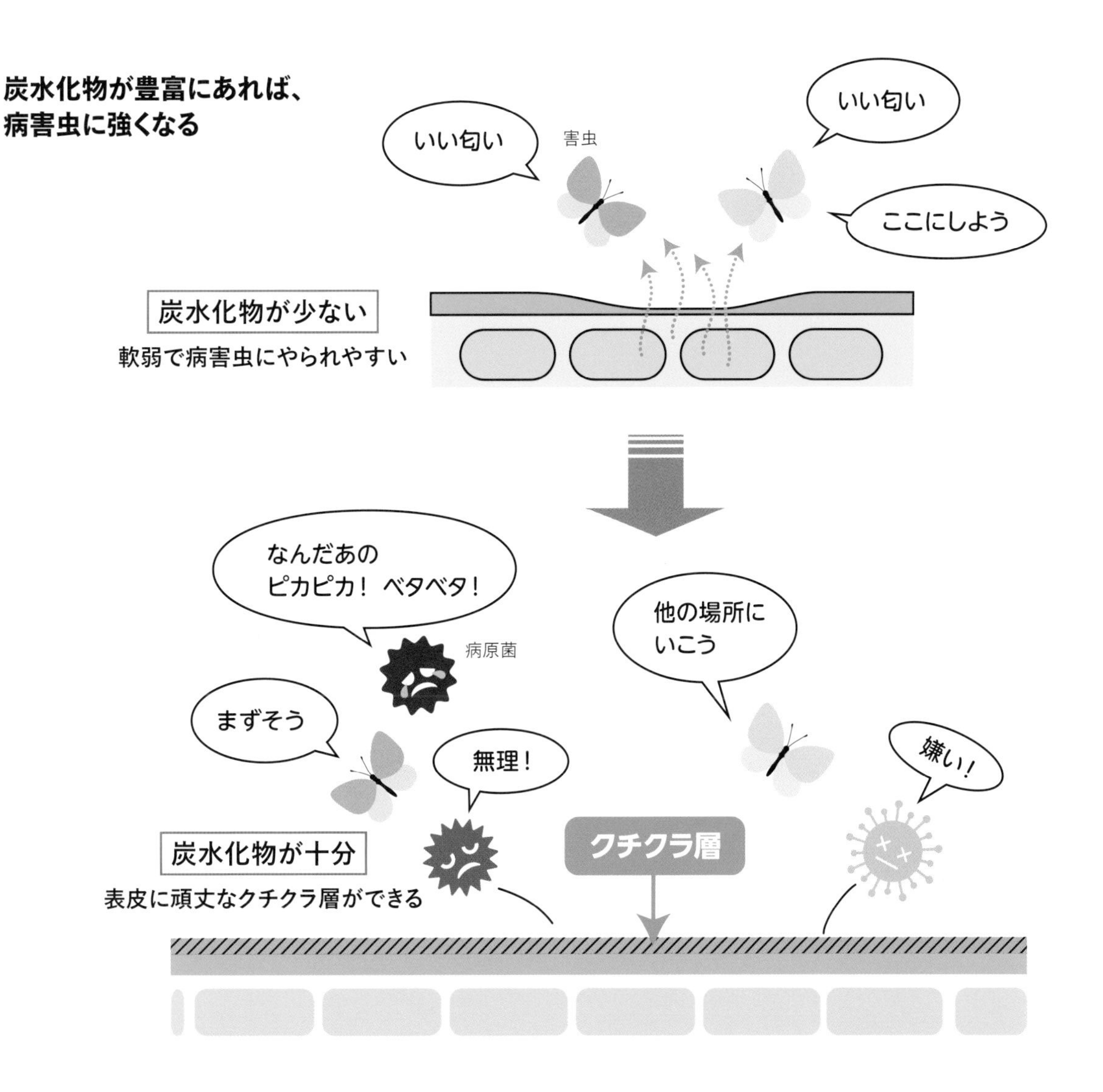

4 根が呼吸できる、ふかふかの土をつくろう

ちゃんと肥料をあげているのに、うまく育たない？

BLOF理論の円で一番大きな比率を占めていて、まず最初に取り組むべきことが「土つくり」です。

正しく肥料を与えているのによく育たない、ということがよく起こります。病害虫に悩まされたり、収穫量が少なかったり、連作障害に遭ったり……。そんな畑は、土に問題がある場合がほとんどです。土が硬かったり、水はけが悪かったりすると根をしっかり張ることができないので、たとえ与えた養水分の量が適切でも、根は届かず、吸うことができません。また、土に病原菌や害虫が多く残っていることもあります。

忘れがちな「根の呼吸」

どんな土が理想なのか。それを知るには、まず「植物の呼吸」と「根」のはたらきを知る必要があります。

小学校や中学校では、「植物は二酸化炭素を吸って酸素を出す」と習いました。でもじつは、植物も酸素を吸って二酸化炭素を吐き出すという、人間と同じことをしています。呼吸できなければ生きられません。

野菜は、葉の気孔や根などから酸素を取り込みます。光合成でつくった炭水化物に酸素を反応させてエネルギーを取り出し、二酸化炭素と水（水蒸気）を放出します。そのエネルギーを使って物を運んだり、組み立

根は根酸を出して土の養分を吸っている

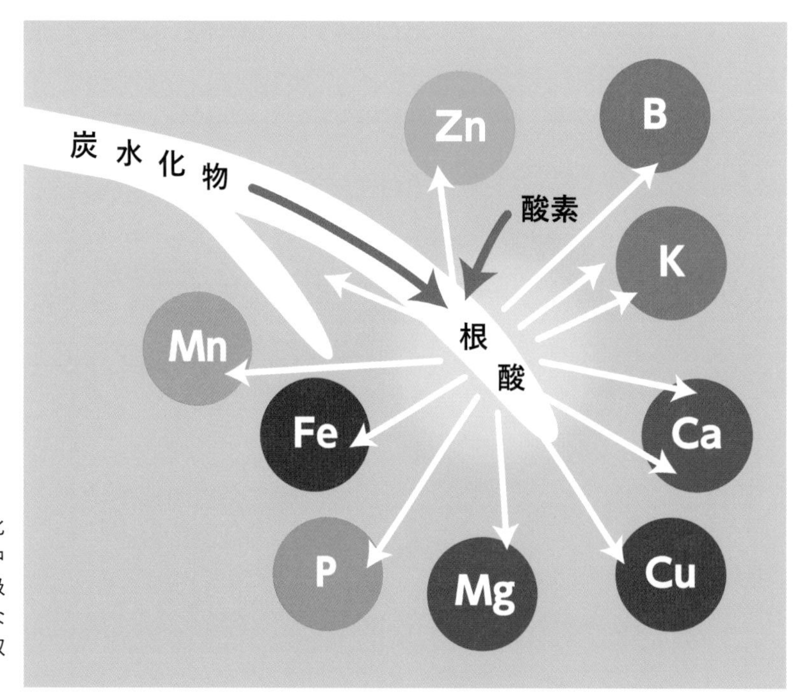

根は呼吸で得た酸素と炭水化物を使って根酸を出し、土の中の養分を吸いやすい形にして吸収している。土がふかふかでないと根が呼吸できず、養分吸収ができない

てたり、カラダをつくったりしています。植物にとっては二酸化炭素だけではなく、酸素も重要なのです。

とくに重要なのが根の呼吸です。根のおもな働きは、養水分の吸収です。根は、呼吸で得たエネルギーを使って養分吸収などを行っています。根が呼吸ができなければ、いくら土の中に養分や水分があっても吸うことができません。

太陽熱養生処理で ふかふかの団粒構造の土をつくる

ただし、いくら根が呼吸できるからといって、乾燥しやすいスカスカの土ではうまく育ちません。根は、基本的に水に溶けた養分を吸収します。また、光合成の材料として水は不可欠です。

土がふかふかで、根のまわりに適度な空気・水分・養分を保持できる、こうした理想の土の状態を「団粒構造」といいます（詳しくは28ページ）。

ふつう、団粒構造ができるには長い時間がかかるといわれますが、BLOFでは、「中熟堆肥」と酵母菌などの微生物を利用した「太陽熱養生処理」によって、短期間で土の団粒構造化を実現することができます（詳しくは52ページ）。家庭菜園でも意外と簡単にできるので、ぜひ挑戦してみてください。

太陽熱養生処理なら、短期間で団粒構造がつくれる

太陽熱養生処理をしているところ。有用菌を培養して土の中に入れ、太陽の熱を生かして土をふかふかにしてもらう

5 光合成の鍵を握るミネラル

年々出来が悪くなる原因は、ミネラル不足かも

BLOF理論の円で、２番目に重要な位置づけが「ミネラル」です。家庭菜園で、最初はわりとうまくいったのに、年々うまくいかなくなってきたと…と感じるのは、決して偶然ではありません。

一番の理由は、ミネラル不足が考えられます。もともと土に含まれていたミネラルを使って、最初の年にはたまたまよくできたかもしれませんが、2年、3年とそのまま栽培を続ければ、ミネラルが減ったりバランスが悪くなったりして、生育はどんどん悪くなります。病害虫の被害にも遭いやすくなります。

作物つくりで成果を上げ続けるためには、土から持ち出した栄養分や、不足しているミネラルを補給する必要があります。

もともと自然界では、植物や動物が死ぬと土に還り、土を豊かにします。植物や動物のカラダ、糞尿は、すべて有機物そのものです。地球の長い歴史の中で、その循環が繰り返されてきました。作物を栽培し、養分

を吸収して外に持ち出すばかりでは、いずれ土はからっぽになってしまいます。

ミネラルって何？

ミネラルとは、有機物の材料となっている炭素・水素・酸素・チッソ以外の、植物の生育にとって欠かせない元素のこと。肥料としては、チッソを除いて、すべてミネラル肥料です。

肥料の三要素であるチッソ・リン酸・カリは、化学肥料の袋にも記載されているので知っている人も多いでしょう。それ以外にも、カルシウム、マグネシウム、硫黄、鉄、マンガン、亜鉛、銅、ホウ素、といったミネラルは、植物がカラダをつくる上で欠かせないものです。

ミネラルにはそれぞれ役割があり、植物の光合成を助けたり、カラダを維持する役割を果たしています。たとえば、マグネシウム（苦土）は光合成を行う葉緑素の中心物質で、不足すれば作物は光合成を十分に行うことができません。

苦土石灰だけではダメ

ミネラルが不足すると、正常な生命活動を行うことができません。逆に、特定のミネラルが過剰になると、ミネラルバランスが狂い、根が他の成分を吸収することができず、生理障害が起こります。

多くの野菜づくりの本では、土壌改良で苦土石灰を与えるように書いてありますが、それだけでは他のミネラルを補えません。さらに、毎年苦土石灰ばかりをやりすぎると、アルカリ化などの障害も起こりえます。

BLOFでは、次ページで紹介する土壌分析も利用しながら、さまざまなミネラルをバランスよく土に補い、植物が力を最大限発揮できるように導きます。

植物の活動に欠かせないミネラルたち

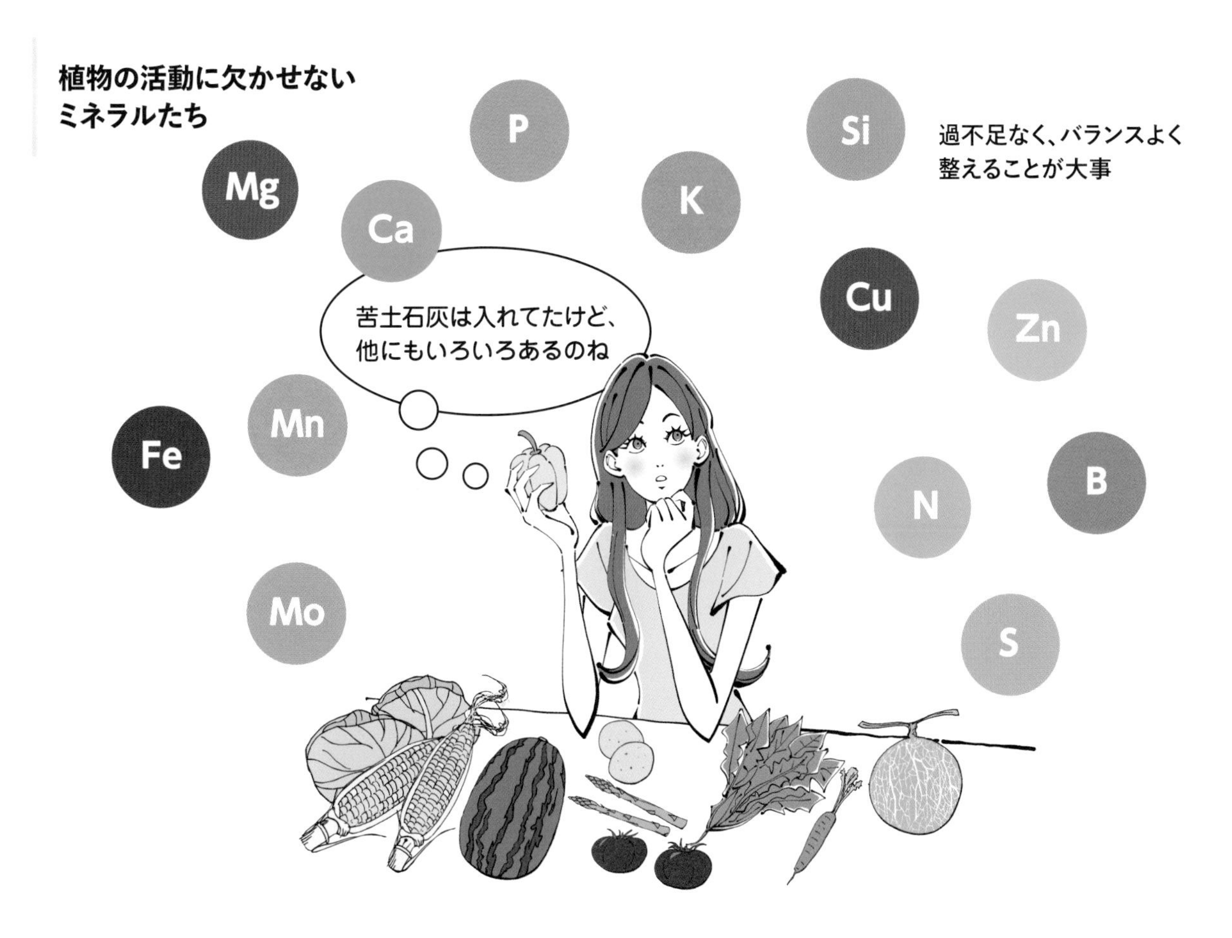

6 土の健康診断をしてみよう

繰り返し使っている畑は、養分過剰かも

貸し農園のような、長く繰り返し栽培されてきた畑は、養分が過多の傾向があります。そんな状態でさらに肥料を与えてしまい、養分過剰で生理障害を起こし、病害虫も多発するケースがよくあります。

肥料の与え方の基本は「足りないものを足す」ということ。ある養分がすでに十分に含まれていたら、その養分はあげる必要はありません。逆に、新しい庭の土や荒れ地などでは、土の養分が少なくて野菜が育ちにくいこともあります。土の状態に合わせて的確に肥料を与えることも、BLOFの大切な柱なのです。

畑の土に支柱を差して、何cm入るか試してみよう
（土のふかふか度診断）

簡単にできる2つの土のチェック

まずは簡単な方法で土のチェックをしてみましょう。最低限調べたいのは、土のふかふか度（物理性）と、pH（化学性）です。

①土に支柱を差してみる（物理性チェック）

まずは、土が軟らかく、根が十分に張れる状態かどうかを確認します。野菜栽培に使う支柱を土にまっすぐ差し込んでみましょう。無理なく深さ40cm程度まで入るようなら、作物が自由に根を伸ばせる状態です。土が硬くてうまく差さらないときは、52ページで紹介する太陽熱養生処理で土をふかふかにしましょう。

②土壌酸度を調べる（化学性チェック）

作物ごとに最適な土壌酸度（pH）があり、これを大きく外れてしまうと、どんなに手入れをしても育ちません。やせた畑ではpHは低く、養分過剰の畑ではpHは高めに出る傾向にあります。土のpHは簡単な方法で測定できます。（32ページ）。

土壌分析もやってみよう

土の状態に合わせて肥料を適切に与えるためには、各種養分の過不足も調べたいものです。自分で簡易に診断できるキットもありますし、家庭菜園向けに安価で土壌分析をしてくれる機関も増えてきました。年に一度は調べてみるのがおすすめです（143ページ）。

BLOF流有機菜園の土つくりと肥料

BLOF流の家庭菜園の基本とやり方を
詳しく解説します。

1 どんな土がいいの？ ——理想は団粒構造

よい土の3条件

BLOF理論でもっとも大切なのが土つくりです。まずは目指したい理想の土について知っておきましょう。野菜がよく育つためには、「物理性」、「生物性」、「化学性」という３つの条件が整っている必要があります。

「物理性」は、文字通り物理的な環境のこと。適度に空気が入り、水はけや水持ちのよい土が理想です。

「生物性」は、土の中の微生物の状態です。有機物を分解し、養分やふかふかの土（土壌団粒）をつくったり、土壌の病害を抑制し、品質を向上させる微生物が多く含まれていることが理想です。

「化学性」は、土に含まれる成分（チッソやミネラル）や、土壌酸度（pH）、保肥力（CEC）といった化学的要素のことをいいます。作物が育ちやすいpHで、各種養分がバランスよく含まれていることが理想です。

土つくりでは「地力」という言葉がよく使われます。地力が高いとは、土壌の物理性、生物性、化学性がどれもよく、腐植（土壌中の有機物）が多く含まれているということ。なかでも地力を上げるために非常に大切なのが「微生物」と「腐植」です。

よい土の条件

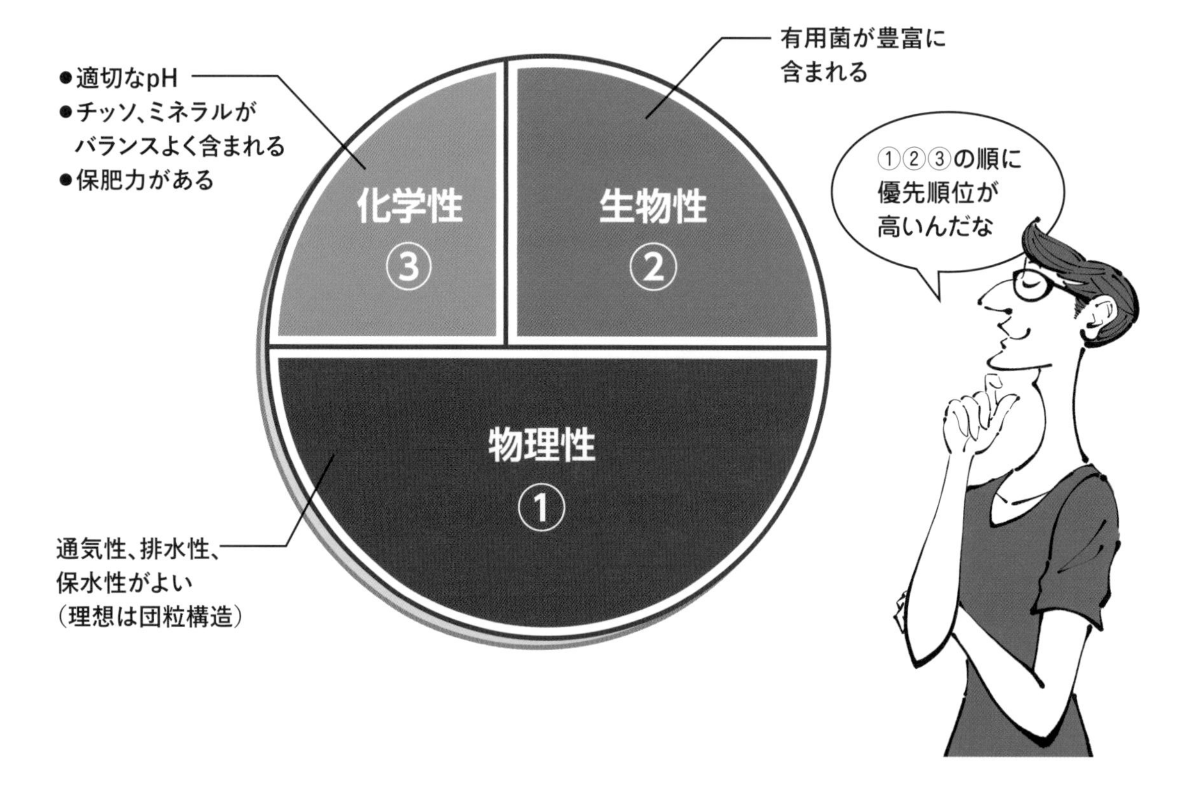

「腐植」とは、動植物の死がいなどの有機物が微生物により分解・再合成されてできた高分子化合物のことです。土が暗黒色をしているのは、この腐植を含むためです。土の色が濃いほど、腐植の量が多いと推測することができます。

腐植は、団粒構造の形成に接着剤として欠かすことができないもので、ミネラルを吸着する力（保肥力）の源にもなっています。堆肥などをの有機物を定期的に土に与えることで、腐植は少しずつ増えていきます。

土つくりの優先順位は、物理性➡生物性➡化学性

大切なのは、土つくりには優先順位があるということ。もし、土がカチカチに硬くて、根が呼吸することができなければ、いくら肥料があっても、根は養分を吸収できません。まず土の物理性（ふかふかの団粒構造）を整え、その上で生物性を考慮し、さらに、適切な養分を与えたりpH（土壌酸度）を整える（化学性）という優先順位で土つくりを組み立てていきましょう。

理想の土は「団粒構造」

野菜つくりの本には、畑の土をよく耕してふかふかにましょう、ということがよく書かれています。確かに砕かれたり、空気が入ったりしていったんはふかふかになったように見えますが、雨が降ればまた元の硬い土に戻ります。

ふかふかの状態が長持ちする、本当によい土をつくるためには、「団粒構造」をつくることが大切です。団粒構造の発達した土が、生育のスタートダッシュのよさ、その後の生育、多収穫、おいしさ、すべてを左右すると言っても言いすぎではありません。

団粒構造の土の構造は下の図のとおりです。土の小さな粒子が腐植などを接着剤にして小さい団子状になり、小さい団子どうしがくっついて大きい団子を形成します。この大きい団子が無数に集まって、団粒構造

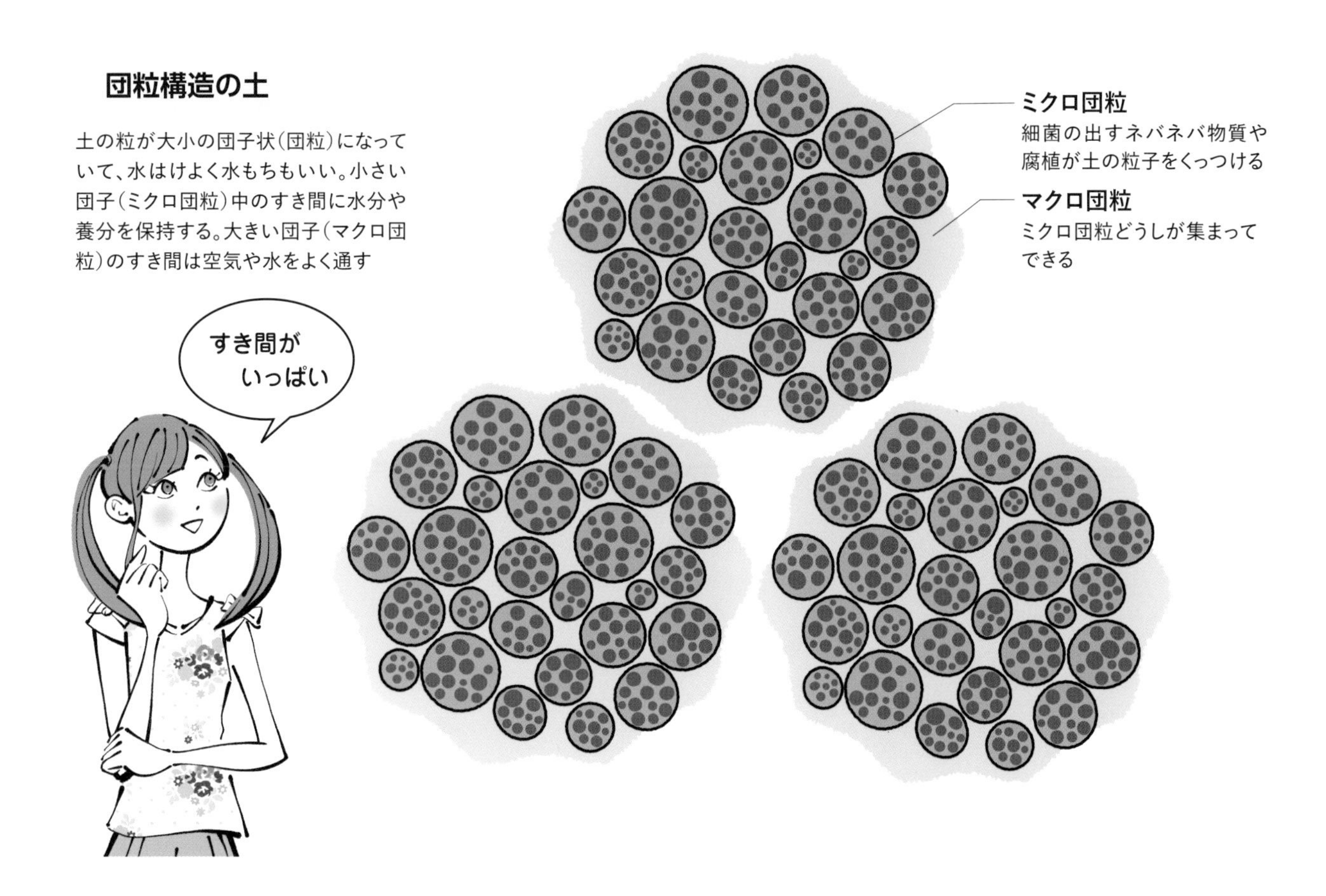

となります。

大きい団子どうしのすき間は水分や空気の通り道になるので、排水性や通気性がよくなります。また、小さい団子どうしのすき間には適度に水分を保持するので、保水性もよくなります。

団粒構造となった「ふかふかの土」の中では、根は呼吸しやすくなり、広く深く伸びやすくなります。また、野菜つくりに有用な微生物も棲みやすく、肥料を蓄える力も高まるなど、理想的な土といえます。団粒構造はある程度耐水性があるので、雨に当たっても簡単にはつぶれません。

ポイントは、栽培期間中ずっとふかふかの状態を維持すること。とくに、栽培期間の長いナスやトマト、キュウリなどの野菜では、次第に土が硬く締まってきます。すると、水はけが悪くなり、根のまわりの酸素も少なくなってしまいます。養水分の吸収力も落ち、チッソ優先の弱い生育になります。

栽培期間中ずっと団粒構造を維持することで、病害虫の被害を受けにくい、おいしい野菜を多収穫できるようになります。中熟堆肥を追肥することがポイントです（35ページ）。

団粒構造をつくるには？

土壌団粒をつくる材料は、土の粒子と、腐植と微生物。そのままではくっつくことのできない土の粒子を、腐植と微生物がのりづけの役目を果たして団粒ができます。

団粒構造をつくるには、普通は何年もかかるといわれていますが、BLOFでは、土壌団粒を短期間で形成することができます。やり方は、土に中熟堆肥や有機肥料を入れること、さらに、微生物の力を借りて太陽熱養生処理を行うことです（詳しくは51ページ）。

単粒構造の土

土の粒どうしのすき間がほとんどなく、空気が入りにくい状態。土に有機物を与えないと微生物が減り、団粒構造もできないし、病原菌も増えやすい。土は硬く締まり、根は傷みやすく、養分の吸収が悪く、病害虫にも侵されやすい

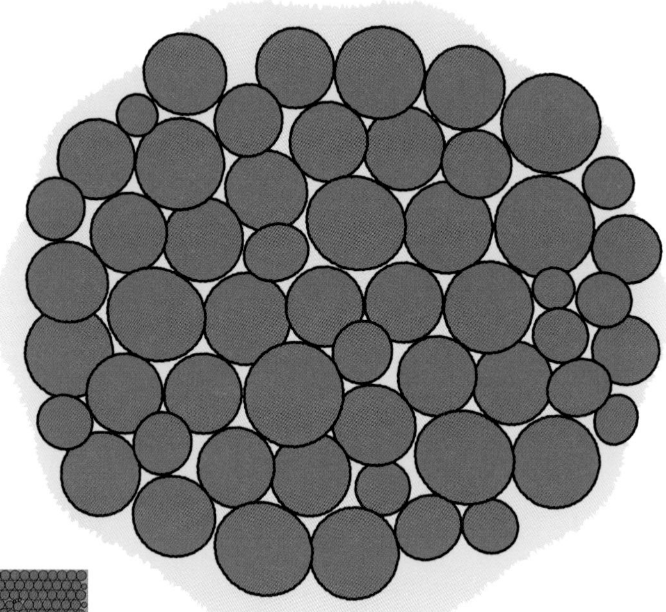

ぎゅーっと
詰まってすき間が
少ないなあ

2 土壌酸度（pH）を測ってみよう

土壌酸度（pH）はなぜ大事なの？

土壌酸度とは、土が酸性よりか、アルカリ性よりかを示す指標で、pHの単位であらわします。一般に「ペーハー」か「ピーエイチ」と読みます。

pH7.0が中性で、それより低ければ酸性、高ければアルカリ性です。多くの野菜は、pH6.0 ～ 6.5前後の弱酸性でよく育ちますが、ジャガイモやサツマイモ、スイカなどはpH5.5 ～ 6.0でよく育ちます。また、ブルーベリーはかなりの酸性土を好み、pH4.5 ～ 5.2が栽培に適しています。逆に、ホウレンソウは酸性が強いと育ちません。6.5 ～ 7.0程度に調整する必要があります。何度タネまきしてもホウレンソウがよく育たないという悩みをよく聞きますが、一番の原因は、pHが酸性よりになっていることがあげられます。

pHを調べるのは意外と簡単

育てる野菜の種類によって、土壌を最適なpHに調整することが、栽培成功のポイントです。ぜひ一度自分の菜園土のpHを測ってみましょう。ただ、土に差すタイプのデジタルpH測定器では、あまり正確には測れません。測る場所や、測るときの土の水分量など

に影響されやすく、測るたびにまったく違う数値が出たりします。

家庭菜園で手軽にpHを調べるには、数百円で買えるリトマス試験紙や、土壌酸度測定液といった商品のほうが安価でより正確に測れます。また、土壌分析を依頼するとpHも測定してもらえます。

低pHのときはどうする?

pHがかなり低いときは、基本的に土の肥料養分が少ないといえます。この場合、その作物に適した肥料を標準的な量入れれば問題なく育つことが多いのですが、なにが不足しているかを正確に知ることが大切です。

まずは土壌分析を行い、不足しているものを与えて養分の量、バランスが整えられれば、pHは自然と適切な値に落ち着くはずです。

家庭菜園や貸し農園で増えているアルカリ過剰

多くの野菜つくりの本では、最初に苦土石灰を150g(1㎡)程度まきましょう、と書かれています。たしかに、日本の土壌は放っておくと酸性に傾いていることが多いのですが、教科書どおりに毎作入れていると、アルカリ過剰に陥りがちです。過剰になると野菜に深刻な生理障害が起きます。また、過剰になった養分は、他の必要な養分の吸収を妨げてしまいます。

実際、今まで何年も栽培をしてきた家庭菜園や、市民農園(貸し農園)などでは、pHが7.5 ~ 8以上もあることもめずらしくありません。このような畑でよくあるのは、毎作、苦土石灰、鶏糞や草木灰、米ヌカを大量にまいてきた、というケースです。そんな土地では、本来つくりやすいはずのジャガイモやサツマイモも、年を追うごとに収穫量が落ち、病虫害や不作に悩まされるようになります。

アースチェック液。Amazonなどのネット通販で買える

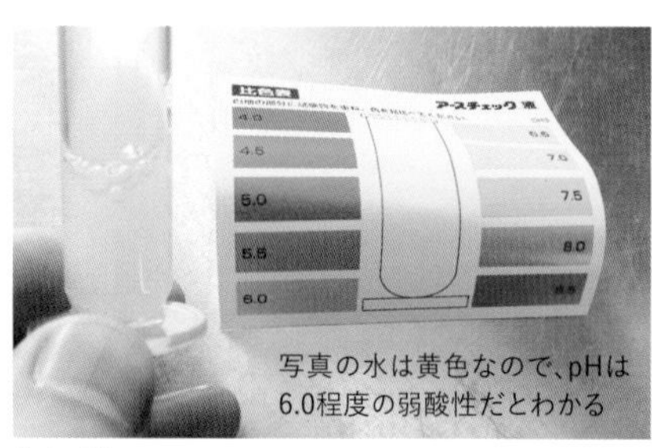

写真の水は黄色なので、pHは6.0程度の弱酸性だとわかる

〈測り方〉
①コップに畑の土と水を1:2の割合で入れ、かき混ぜる
②少し置いて、澄んだ上澄み液をスポイトでとり、試験管に2.5cc入れる
③試験液を3滴入れてよく振り、水の色と比色表を比べる

高pHのときはどうする?

アルカリ性になってしまった土を弱酸性に戻すのは大変です。pHが高いということは、土が肥料を保持できる力に対して、カルシウムなどpHを上げる養分(陽イオン)の量が多いということ。pHが低いとき以上に、土壌分析を行って土の状態を知ることが重要です。

というのも、pHが低ければ、単純に肥料全体の量が少ないと予想できますが、高い場合の原因はさまざまだからです。すべての養分が多いのか、カルシウムが突出して多いのか、マグネシウムが突出して多いのか……。多すぎるものは肥料として与える必要はないし、足りないものは補う必要があります。

pHが高い畑への対応策として、過剰な養分を吸収してくれる吸肥力の強いトウモロコシやズッキーニを植えたり、中性に近い土壌でもよく育つホウレンソウ、タマネギ、コマツナ、チンゲンサイ、ソラマメなどを植えることがあります。

根本的にpHを下げる有効な手段は、太陽熱養生処理です。乳酸などの酸を分泌する微生物によって、酸性側に土の発酵を進ませます。それでも、過剰な肥料でアルカリ性に傾いてしまった土を戻すのは時間もコストもかかります。日頃から、必要以上に肥料を与えないことが、大切なのです。

生えている雑草でpHがわかる

畑に生えている雑草を見ると、土壌の酸度の目安になります。スギナやクローバーがよく繁っているなら、pH5.0 ~ 5.5程度。そのままでは、pHの低い土壌を好むジャガイモやサツマイモ、スイカなどしかよく育ちません。ハコベがよく生えているようなら、弱酸性(6.0 ~ 6.5)の土壌といえます。

3 アミノ酸肥料を使う

野菜つくりにはどんな養分が必要?

おいしい野菜をたくさん収穫するには、さまざまな栄養分が必要です。中でもたくさん必要なのが「チッソ」「リン酸」「カリ」の三要素です。

化学肥料は、化石燃料や天然鉱石などを加工したもので、必要な養分を最初から無機物（炭素と結びついていない物質）として与えます。そのため植物が吸収しやすく、効き目が早くあらわれます。

有機肥料は、鶏糞や魚粕や、米ヌカや油粕などを使った肥料です。一般に、有機肥料は微生物に分解され無機化してから効くので速効性がないといわれてきました。しかし、アミノ酸を含む有機肥料なら、根から直接吸収されるため速効性があります。

アミノ酸で甘みアップ! うまみアップ!

BLOFの有機栽培の考え方はとてもシンプル。野菜のカラダも実もタンパク質からできていて、その材料がアミノ酸なら、アミノ酸を根から直接吸収させればいいのです。

BLOFの有機栽培では、アミノ酸肥料を与えてアミノ酸を根から直接吸収させます。そうすれば、作物はアミノ酸合成に関わるエネルギーを使わずにすむ上、光合成によってつくられた炭水化物を減らさずにすみます。悪天候続きや、日差しの弱い場所、冬の栽培などでも光合成を補うことができ、余った炭水化物は作物の品質、うまみにつながります。

トマトやスイカ、果樹類などでは、悪天候や低温の影響で、味が薄かったり、甘みが足りずおいしくないということがよく起こりますが、それは、天気が悪いために光合成（＝炭水化物つくり）が十分にできなかったためです。有機のアミノ酸肥料はこれを補うことができるため、味やうまみの低下を抑えることができます。

「ナチュラルアミノ742」。ダイズの煮汁から抽出したアミノ酸を含んだ速効性のアミノ酸肥料。ニオイが少なく、家庭菜園におすすめ（ジャパンバイオファーム）

アミノ酸肥料はどうやって入手する?

アミノ酸肥料には「抽出型」と「発酵型」があります。「抽出型」というのは、魚やダイズなどの煮汁を搾ってアミノ酸成分を抽出したもので、速効性があります。発酵型は、いわゆるボカシ肥などの発酵有機肥料です。発酵によりタンパク質が分解されてアミノ酸になり、肥料成分が効きます。抽出型と比べると、ややゆっくり効きます。また、気温が低いと微生物のはたらきがゆっくりになり、肥効が出にくいという点もあります。

米ヌカなどの原料が入手しやすい人は、自分でボカシ肥をつくってみてもよいでしょう（アミノ酸肥料の作り方のコツは『有機栽培の肥料と堆肥』（小祝政明著、農文協刊）を参考にしてください）。

市販されているアミノ酸入り有機肥料を選ぶときは、信頼できる原料を使用している製品を選びましょう。

「ミネラル優先、チッソ後追い」

有機栽培の肥料として非常に効果の高いアミノ酸肥料ですが、使い方には注意が必要です。それは、チッソ分としてのアミノ酸肥料を与える前に、十分なミネラルを与えるということ。

アミノ酸肥料は、カロリー（炭水化物）つきのチッソ肥料であり、細胞をつくります（植物の生長）。一方で、ミネラル肥料は光合成を促進し、つくり出される炭水化物によってセンイをつくります。

センイが十分につくられていないのに、細胞ばかりがつくられたら、野菜のカラダは軟弱に育ち（センイが薄く、弱くなり）、病害虫から身を守ることができなくなります。

どんなときもミネラルを先に効かせ、チッソを与えるのはその後から。「ミネラル優先、チッソ後追い」というのが、肥料を与える上での大原則です。

元肥（もとごえ）と追肥（ついひ）

肥料には、植えつけ前の土つくりのときにまく「元肥」と、野菜が育つ途中で与える「追肥」があります。元肥は、初期の生育を支える大切な肥料。追肥は、野菜の生育の様子を見ながら、不足した養分を補給するために行います。

化学肥料は溶けるのが早く、効くのも早いのですが、化学肥料のチッソには炭素がありません。そのため、光合成でつくられた炭水化物を消費してアミノ酸をつくらなければなりません。

この点、BLOFの有機栽培では、速効性のアミノ酸肥料とゆっくり効く堆肥からのアミノ酸の2種類を併用するので、炭水化物の無駄な消費がなく、野菜が強く、おいしく育ち、追肥の回数も少なくてすみます。ただし、栽培期間の長い果菜類などは、有機栽培でも何度か追肥を行う必要があります。

ミネラル成分はそのままでは植物に吸われにくいので、同時に与えるとどうしてもチッソ優先で吸われてしまいます。「ミネラル優先、チッソ後追い」にするためには、元肥には、ミネラル肥料とアミノ酸肥料、堆肥を一緒に入れ、太陽熱養生処理を行います。微生物の出す有機酸と、透明マルチ内の水の上下によってミネラルが可溶化し、効きやすくなるためです。

ミネラル肥料とアミノ酸肥料を同時期に追肥する場合も、ミネラル肥料を先に追肥します。追肥後、水やりを行い、1～2日待ってミネラルが根から吸収されてから、アミノ酸肥料を追肥するようにします。

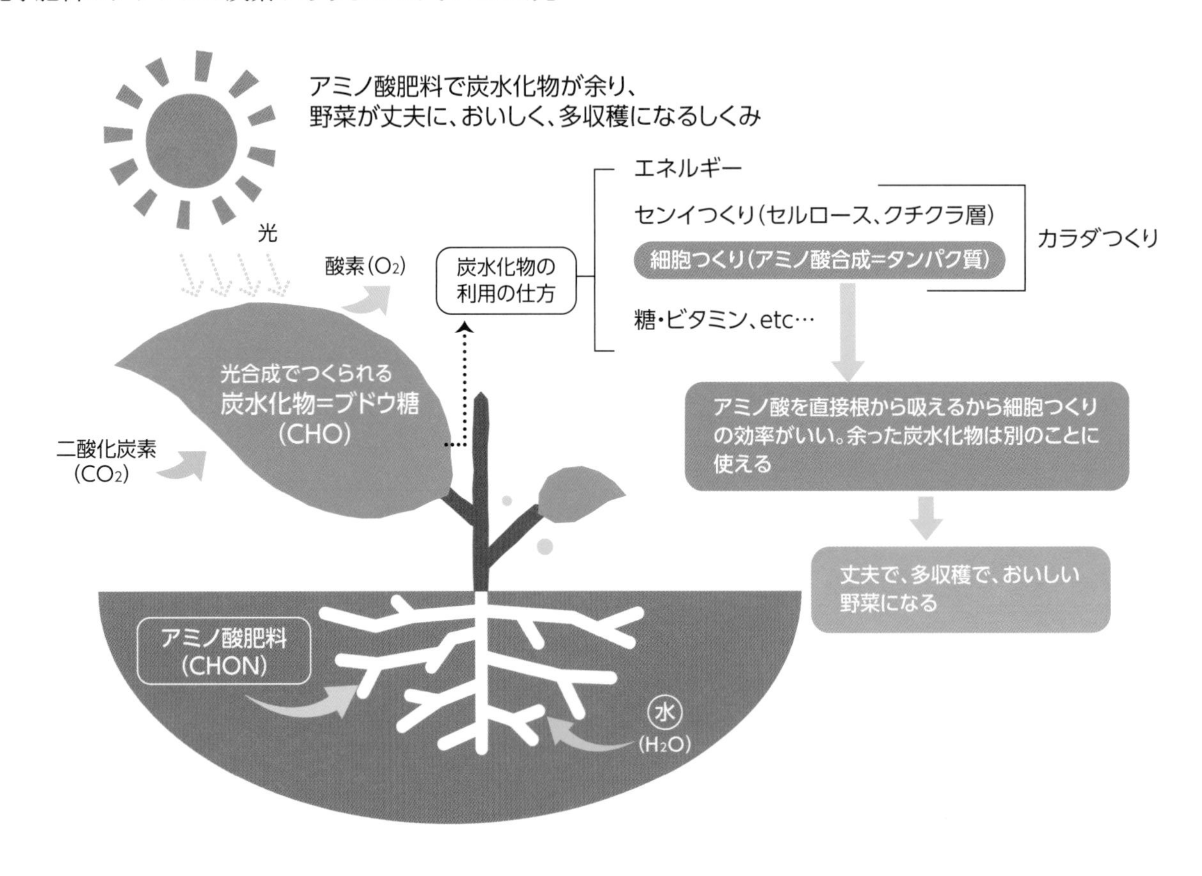

4 堆肥は「完熟」より「中熟」がよい

堆肥のはたらきとは？

堆肥は、動物の糞やワラ、オガクズ、樹の皮、モミガラなどの有機物を微生物のはたらきで発酵させたものです。そのため、堆肥には有機のチッソであるアミノ酸や、タンパク質、有機酸、糖類、セルロース（炭水化物）、微生物やその分泌物などが含まれています。

ほとんどの野菜つくりの本には「完熟堆肥を使いましょう」と書かれていますが、BLOFの有機栽培では、完熟になる手前の「中熟堆肥」の利用をすすめています。

まず、堆肥は土つくりにどんな役割を果たすのかを紹介します。

①土をふかふかにする

堆肥の役割の１つ目は、土をふかふかにする（団粒構造をつくる）ことです。土の団粒は、粘土鉱物と、微生物に分解された腐植などが複雑に絡み合い、くっつき合いながらつくられます。この団粒をつくるための、接着剤の役割をしているのが、堆肥に含まれている水溶性の炭水化物です。ネバネバした糊のようなもので、これがさまざまな有機物や土を接着して土壌団粒をつくります。

団粒構造の土つくりをすることを、「土壌の物理性の改善」と言います。野菜つくりをする上では、物理性の改善がなによりも重要度、優先度が高くなります。

②病害虫の発生を抑える

２つ目の役割は、堆肥の力で病害虫の発生を抑える

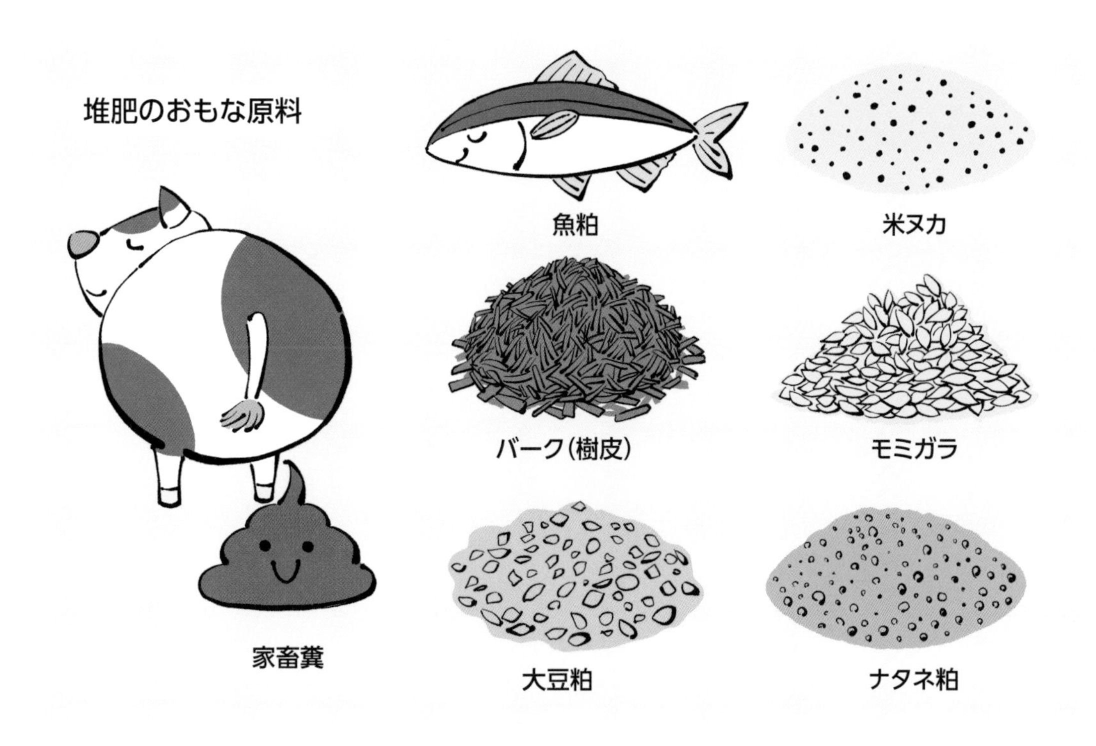

ことです。堆肥によって有用な微生物を供給することで、病原菌だけが繁殖することを抑えます。

ただし、そのためには、堆肥に納豆菌（バチルス菌）や放線菌といった有用微生物が多く含まれていること、また、有用微生物が増えるためのエサ（＝糖）が多く含まれていることが必要です。

土壌病害の90％はカビの仲間（糸状菌）といわれますが、このカビの細胞壁は多糖類でできています。

多糖類を分解できる酵素を持った納豆菌のような微生物なら、糸状菌を原因とする病害を抑えることができます。

また、センチュウや昆虫、青枯病を起こすフザリウム菌はキチン質という細胞膜や表皮を持っていますが、このキチン質を分解する「キチナーゼ」という酵素を持った放線菌が豊富にいれば、これらの病虫害も抑えることができます。

有機栽培では、化学農薬を使用できません。土つくりの段階で、病害虫の発生をいかに抑えるかということが非常に大切なのです。

③腐植の供給（保肥力とミネラル吸収力アップ）

その土にどのくらい肥料を保つことができるかを保肥力といいます。保肥力のもととなるのは、微生物が有機物を分解することによって生じた「腐植」。腐植は、有機物が分解される過程でできる有機化合物で、堆肥中に多く含まれています。

腐植が持つ電気的にマイナスに帯電した部分が、カルシウムやマグネシウム、カリウムといったミネラルを吸着して保持し、作物の根に供給してくれるのです。堆肥を与えることで腐植が増え、保肥力が高まります。

また、腐植はミネラルの吸収力アップにも貢献します。各種のミネラルはそもそも水に溶けにくい性質があります。腐植の中の腐植酸という物質がミネラルと結びついて、「腐植酸ミネラル」という形のキレート物質（腐植酸にミネラルが挟み込まれる）になることによって、作物の根から吸収されやすくなります。

④有機のチッソを供給

4つ目の役割は、有機のチッソ（アミノ酸）を供給することです。堆肥が無機のチッソにまで分解される前の段階のアミノ酸がじっくりと効く効果も期待できます。

⑤水溶性炭水化物の供給

堆肥がつくられる際、センイなどの有機物が微生物によって分解される過程で水溶性炭水化物が生じます。水溶性炭水化物は土壌団粒をつくる接着剤の働きをしたり、根から直接吸収され、太陽の光でつくられる炭水化物を補います。

完熟よりも「中熟」がよい

一般的にはほとんどの本で完熟堆肥を使うようにすすめられています。「完熟堆肥」は分解されやすい有機物がほとんど分解されて、十分に熟成した堆肥のことです。いやな匂いや有害菌もなく、土に入れても再発酵することなく安心して使えます。

ただ、発酵がほとんど終わっているため、微生物の数も少なく、有用菌のエサとなる分解されやすい有機物がほとんど残っていません。

先にあげた「土壌病害の抑制」のためには、納豆菌や放線菌などの有用菌がたくさん入った堆肥を使いたいものです。また、それらの菌が活躍できるような微

堆肥を手にとって、少量の水を加えて練る。手触りがネバネバまたはヌルヌルなら中熟堆肥として合格。ザラザラなら未熟、サラサラだと完熟

【ことば解説】C/N比

C/N比とは、有機物に含まれる炭素（C）とチッソ（N）の割合のことで、有機物の分解されやすさの目安です。C/N比が20より高いと有機物の分解が遅くなり、20より低いと分解が早くなります。C/N比が高いものには、C/N比300～500の木の皮やワラなどがあります。

C/N比が低いものには、肉や魚粕、油粕、鶏糞があります。C/N比が低ければ有機物の分解が速く進み、チッソの肥料効果が早くあらわれます。

生物のエサも残されているほうが、土壌の中で有用菌が元気に活躍してくれます。

そこで注目したいのが「中熟堆肥」です。中熟堆肥とは、完熟になる一歩手前の中熟段階（オリゴ糖が多い状態）、もっとも微生物が活発に活動している段階で発酵を止めた堆肥です。納豆菌（バチルス菌）や放線菌、酵母菌といった土壌の病害虫を抑えるはたらきをする有用な菌が豊富に棲みついています。また、それらの菌が繁殖するためのエサも豊富に残っています。

BLOFの有機栽培では、こうした土壌病害虫を抑える力を持った中熟堆肥を使います。

C型堆肥

「ナチュラルソイルメイク23 typeC」。モミガラや木質残渣などを原料にしたCN比の高い中熟堆肥。水溶性炭水化物を供給し、団粒構造の維持に役立つ

N型堆肥

「ナチュラルソイルメイク11typeN」。牛糞や鶏糞などを原料にした放線菌入りの中熟堆肥。肥料成分はチッソ2.2%、リン酸3%、カリ2.9%。ゆっくりとしたチッソ肥効が期待できる

中熟堆肥はどうやって手に入れる?

中熟堆肥は、残念ながらホームセンターや農業資材店で扱っているところはまだほとんどありません。これまでBLOF以外では、堆肥に含まれる微生物のエサ（糖） の重要性が、ほとんど注目されてこなかったからです。

家畜糞やモミガラなどの堆肥原料が手に入る人は『有機栽培の肥料と堆肥』（小祝政明著、農文協刊）を参考に、ぜひ自分で中熟堆肥つくりに挑戦してみてください。ジャパンバイオファームでも、2つのタイプの中熟堆肥を販売しています。家庭菜園で堆肥の使用量が少ない人は、これらを購入して使用すれば間違いないでしょう。

C型堆肥、N型堆肥

堆肥には大きく分けて、「土つくり」で活躍するものと、「長く効くチッソを供給」するものの、2種類に分かれます。

①土つくりを担う「C型堆肥」

土つくり（団粒構造つくり）の役割を担う堆肥には、C/N比の高い15 ~ 25のものを使います。このタイプを「C型堆肥」（炭素が多くチッソが少ない）と呼びます。モミガラ、木質残渣などの植物性原料からつくられることが多く、長い期間、団粒構造を維持する力があり、豊富な水溶性炭水化物が含まれるのが特徴です。

②長く効くチッソを供給する「N型堆肥」

もう一つ、牛糞や鶏糞や豚糞など、動物の糞を主原料にしてつくられることの多いC/N比の低い堆肥を「N型堆肥」（チッソが多く炭素が少ない、C/N比10前後）と呼びます。このタイプは、C型の堆肥と比べ、有機のチッソや、リン酸、カリなどの養分供給をおもな目的としています。

含まれるチッソの割合は少なく、初期の肥効はあまり期待できませんが、力を発揮するのは「長く効くチッソの供給」です。とくに、果菜類など栽培期間の長い野菜では、生育の半ば以降、カラダを維持するチッソの肥効を保つ効果があります。

さらに、N型の中熟堆肥には、放線菌やバチルス菌といった有用微生物や、水溶性炭水化物が多く含まれています。

BLOFでは、C型とN型の2つの中熟堆肥を組み合わせて使うことをすすめています。

中熟堆肥の使い方のコツは、土にすき込んでから2週間は作付けをせず、養生期間をおくこと。中熟堆肥に含まれるエサで、有用な微生物が増える時間が必要だからです。太陽熱養生処理を行うのがベストです。

また、中熟堆肥を土に入れると、微生物が目覚めて土中で再発酵を始めます。この過程で一時的に土の中が低酸素状態になることがあるので、堆肥を入れた直後に苗を植えると、作物の根が傷む可能性があります。

5 ミネラルの種類とはたらき

有機栽培ではミネラルが不足しやすい

肥料の三大要素と呼ばれる「チッソ」「リン酸」「カリ（カリウム）」と比べると、その他のミネラルの重要性はあまり知られていません。しかし、ミネラルが十分になければ、野菜本来の力や能力が十分に発揮できません。うまく育たない、実がならない、おいしくない、病害虫の被害に遭う、といった問題の原因は、単純にミネラル不足であることがよくあります。

とくに苦土（マグネシウム）は光合成の中心となる重要なミネラルなので、一瞬でも不足させるわけにはいきません。カルシウムは、病害虫に強い野菜つくりに欠かせないミネラルです。マンガン、ホウ素、鉄といったさまざまなミネラルも、植物が生きていく上で、それぞれ重要な役割を果たしています。

BLOFでは、植物の生命活動を最大限に引き出すために、ミネラルの供給を重視しています。有機栽培では根がよく張り、植物の光合成も活発になるため、ミネラルの吸収量も多くなり、ミネラル不足になりやすいのです。とくに生育期間が長い果菜類などは、栽培期間中にミネラルが切れてしまうことがあるため、ミ

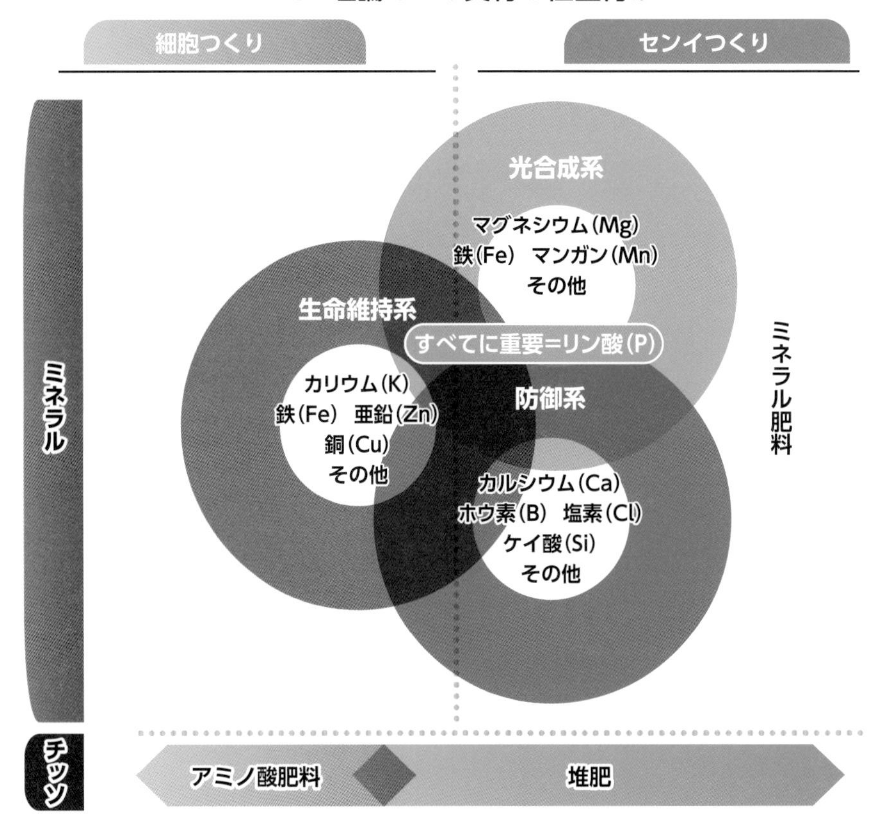

ネラル肥料の追肥もすすめています。ミネラルは、有機栽培のもう一つの主役ともいえます。

ミネラルの3つのグループ

ミネラルは、光合成を助けたり、カラダの中のいろいろな化学変化に「酵素」として関わっていて、野菜の健康な生長に欠かせません。表皮を硬くしたり、病害虫や天候の変化などから身を守ること、呼吸や養水分の運搬など生命の活動全般を維持するはたらきも担っています。カラダをつくる材料であると同時に、植物が生きていく上で必要な機能を司る役割もしているのです。

ミネラルは、そのはたらきごとに大きく3つに分けることができます。

①光合成系のミネラル

光合成を行う葉緑素の中心にあるのは「マグネシウム」。光合成によってつくられる炭水化物はセンイの原料になるだけでなく、根から出す「根酸」の原料でもあり、エネルギーをつくる呼吸にも使われています。光合成系に必要なミネラルとしては、マグネシウム、鉄、マンガン、銅、カルシウム、塩素があります。

②防御系のミネラル

作物を風や雨、病害虫から守るために働いている防御系のミネラルには、カルシウムを中心に、ホウ素、塩素、ケイ酸、銅があります。

③生命維持系のミネラル

細胞をつくったり、維持するために欠かせないミネラルには、カリウム、鉄、マンガン、亜鉛、銅などがあります。なお、リン（リン酸）は光合成系、防御系、生命維持系、すべてに関わるミネラルです。

多量要素、中量要素、微量要素

植物の生長に必要な無機物（元素）は17種類で、「必要要素」または「必須元素」といいます。このうち、肥料として施すのは、酸素、炭素、水素を除いた14種類で、チッソ以外は「ミネラル」と呼びます。

とくにたくさん必要なチッソ、リン酸、カリウムを「多量要素」と呼びます。その次に必要なカルシウム、マグネシウム、硫黄は「中量要素」。微量だけれど必須なミネラルを「微量要素」といい、鉄、マンガン、ホウ素、亜鉛、銅、モリブデン、塩素、ニッケルなどがあります。どれが欠乏してもさまざまな生育障害が起こります。

微量要素を総合的に含むものとして、海藻肥料はとくにおすすめです。多くのミネラルを含むため、光合成を盛んにし、糖度、おいしさアップに大きく貢献します。

各要素のはたらき

【作用】	チッソ N	リン酸 P	カリウム K	カルシウム Ca	マグネシウム Mg	ケイ酸 Si	硫黄 S	マンガン Mn	ホウ素 B	鉄 Fe	銅 Cu	亜鉛 Zn	モリブデン Mo	ナトリウム Na	塩素 Cl
根の発育を促す	○	○	○	◎	○		○	○	○	○			○	○	
茎や葉を強くする	○	○	○	◎	◎	○	○	○	○	○	○	○		○	○
根腐・芯腐・空洞化防止		○		◎	◎			○	◎	◎					
病害に強くなる	○		○	○	◎	○		○	○	○	○	○		○	
デンプンつくりを促す	○		○	○	◎	◎		○						○	
糖つくりを促す	○	○		○	◎			○		○				○	
カラダを大きくする		○	○		◎	○	○	○						○	
貯蔵力の増加		○			◎	○		○	○					○	

※参考文献 小祝政明著「有機栽培の肥料と堆肥」

各種ミネラルのはたらき

植物の生長に必要な元素のうち、肥料として施す必要のあるミネラルのはたらきを紹介します。ミネラルは欠乏しても過剰になっても障害が出ます。欠乏・過剰でどのような症状が出るかも押さえておきましょう。

―― 多量要素のミネラル ・・・・・ 中量要素のミネラル ・・・ 微量要素のミネラル

Cl Si

多量要素のミネラル

花や実をたくさんつける

P

リン(リン酸)

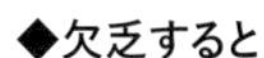

光合成系 防御系 生命維持系

◆特徴

実肥（みごえ）とも呼ばれ、花つき、実つきをよくし、品質を高めるために欠かせないミネラル。新しい細胞やその核をつくるために必要。肥料の「三大要素」の1つです。

◆欠乏すると

葉が小さくなり、花や実のつきが悪くなり、成熟も遅れます。甘みの低下など、品質も低下します。

◆過剰になると

根こぶ病、根腐れ、センチュウなどの病害虫が増えます。また、リン酸が微量要素などのいろいろな物質を吸着してしまい、根から吸収されなくなるため、生育が悪くなります。

リン酸過剰は牛糞堆肥や鶏糞、米ヌカなどの入れすぎにより起こりやすくなります。長期間多量に与え続けると、土壌に蓄積されて深刻なリン酸過剰になり、土壌病害の発生原因にもなります。

根の生長に欠かせない

K

カリウム

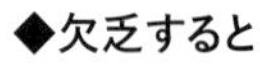

◆特徴

肥料の「三大要素」の1つ。根の生長に欠かせないミネラルで「根肥」とも呼ばれます。短く「カリ」とも。草木灰の主成分で、植物のカラダを丈夫にし、暑さや寒さ、病害虫への抵抗性を高める役割もあります。

◆欠乏すると

根の伸びが悪くなり、根腐れしたり、株が倒れやすくなります。また、果実は大きくならなくなり、トマトのセンイが黒くなる、ナスがカチカチの「石ナス」になるなど、見た目、味、ともに品質を落とします。下葉から葉の縁が黄色く変色してきたら、追肥のタイミング。

◆過剰になると

カルシウムやマグネシウムが吸収されにくくなり、カルシウム欠乏、マグネシウム欠乏という形で症状があらわれ、作物の生育に悪影響を及ぼします。豚糞・牛糞主体の堆肥を使用していると、カリ過剰の傾向が強くなります。

中量要素のミネラル

強いカラダをつくる

Ca

カルシウム

◆特徴

細胞膜や細胞壁を強化し、病害虫に負けにくい、強いカラダをつくります。根張りをよくする役割もあり、カルシウムで表皮を強くした根は、硬い土の中にしっかり伸びていくことができます。酵素の働きを助け、野菜のカラダの中の有機酸の中和にも役立ちます。

◆欠乏すると

病気が発生しやすくなり、葉や茎、根の生育も悪くなります。葉の周辺が枯れてきたり、新芽が伸びないという症状のほか、トマトの尻腐れ、ハクサイ・キャベツ・タマネギなどの芯腐れ、キュウリやメロンなどでは芯止まりなどの症状があらわれます。

◆過剰になると

葉色が黄色くなり、生育が悪くなります。カルシウムが過剰になると、カリウム、マグネシウムの吸収が抑制されてマグネシウムの欠乏症状が出ます。また土がアルカリ性に傾きすぎると鉄・マンガン・亜鉛といった微量要素が溶けにくくなり、欠乏症を起こします。土が硬くなり、団粒構造も壊れるという害もあります。

葉緑素の中心成分

Mg
マグネシウム

◆特徴
光合成を行う葉緑素(クロロフィル)の中心にあるミネラル。「苦土」とも。植物の生命を維持するうえで不可欠で、リン酸の吸収を助ける、体内の酵素を活性化させるなどのはたらきもあります。

◆欠乏すると
即、光合成力の低下を招き、十分な炭水化物がつくれなくなるので注意が必要。症状は、下葉の葉脈の間が黄色くなったり、ひどくなると葉脈の間に黒い斑点ができ、落葉します。カルシウムの過剰によって、マグネシウムが吸収できなくなることも。

◆過剰になると
下の葉から、葉脈の間の色がまだら状に黄化し、ひどくなると褐色の斑点を示すようになり、やがて枯死します。欠乏症、過剰症ともに下の葉から出やすく、徐々に上の葉に広がります。

根の発達を助ける

S
硫黄

光合成系 防御系 生命維持系

◆特徴
タンパク質や葉緑素の生成、根の発達を助けるはたらきがあります。タマネギやニンニク、ネギなどの独特の香りのもとにもなっていて、作物全般の味をよくします。硫黄は中量要素ではありますが、硫酸処理されたミネラル肥料中に含まれているため、肥料として施さなくても不足することは通常ありません。

◆欠乏すると
根の張りが悪くなり、生育不良に。葉が黄色くなったり、全体に色が薄くなったりという症状があらわれ、光合成力も落ち、収穫量が落ちます。

◆過剰になると
土壌が酸性化し、リン酸、カリウム、カルシウム、マグネシウムといったさまざまなミネラルの吸収が阻害され、各欠乏症状があらわれます。

根の呼吸、養分吸収に深く関わる

Fe
鉄

光合成系 防御系 生命維持系

◆特徴
根の活力を維持して、養水分の吸収をスムーズに行うために大切なミネラル。光合成を行う葉緑素の生成にも関係しています。

◆欠乏すると
葉が薄くなったり、小さな針で開けたような穴が見られるようになります。生長点の色が白っぽくなり、土の下層部まで根が張らなくなります。さまざまなミネラルの吸収も低下。いくら必要なミネラルを与えていても、鉄が不足していると十分に吸収できなくなります。

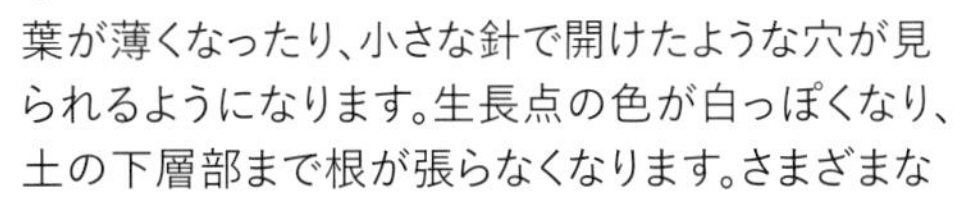

◆過剰になると
下葉から、葉脈の間に褐色の斑点が生じるようになります。鉄の過剰はマンガンやリン酸の吸収を阻害し、欠乏症を起こします。

植物内の化学合成に欠かせない

Mn
マンガン

光合成系 防御系 生命維持系

◆特徴
葉緑素の生成や、二酸化炭素の取り込み、ビタミンCの合成などさまざまな生化学反応になくてはならないミネラルです。アミノ酸やタンパク質などの物質の合成にも関わっています。

◆欠乏すると
植物の体内を移動しにくいため、欠乏すると上の葉からまだらになります(陽にかざすとよくわかります)。赤い色の発色にも関係していて、不足するとトマトなど、果皮の色のノリが悪くなります。甘みが少なくなり、味も悪くなります。

◆過剰になると
下葉から葉脈にそって茶色～紫色の斑点ができ、やがて色が濃くなり壊死斑(えしはん)が生じます。マンガン過剰により鉄の吸収が阻害されると、鉄欠乏の症状が起きることがあります。

葉緑素をつくる

Cu
銅

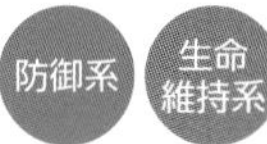

◆特徴
光合成に必要な物質で、葉緑素をつくり出す成分の一つ。タンパク質(細胞)やセンイの合成、ビタミンCの形成に関わる必須ミネラルです。呼吸に関する酵素の成分でもあります。

◆欠乏すると
鉄の欠乏に症状が似ていますが、銅が不足すると、炭水化物の生産量が減少します。また、アミノ酸がタンパク質に合成されずに液体のまま植物体内にとどまり、害虫の被害を受けやすくなります。生長点の色が薄くなったり、チッソ過剰ではないのにアブラムシがつきやすくなったりします。

◆過剰になると
直根の伸びが悪くなり、側根の発生も悪くなることで、生育が悪くなります。銅過剰により鉄の吸収が抑制され、鉄欠乏症状が起きることがあります。

酵素をつくる

Zn

亜鉛

◆特徴

植物体内ではたらく酵素の成分で、細胞分裂に関与しています。タンパク質や糖の合成にも関わります。

◆欠乏すると

症状は新葉からあらわれ、葉脈の間が黄色くなり、しま状になります。やがて中位の葉に及び、生育不全、葉が小さくなるといった症状があらわれます。

◆過剰になると

下の葉から黄色くなり、葉、葉柄に赤褐色の斑点ができるようになります。症状が進むと、上位の葉にも障害が見られるようになります。

センイつくりに欠かせない

ホウ素

◆特徴

細胞の接着剤の役目や、維管束の形成など、センイつくりに関係するミネラル。根や新芽が育つのを促すはたらきもあります。植物を支えるためになくてはならない要素で、病害虫の防御にも役立ちます。

◆欠乏すると

収穫物がもろく、弾力のないものに。どこかカサカサしたものになり、ハクサイにゴマ症が出たり、芯腐れや茎折れ、葉のつけ根の傷みなどの症状が出ます。病害虫の被害も受けやすくなります。

◆過剰になると

下葉から緑が黄色くなり、やがて茶色になります。過剰症が強い場合は、中位の葉にも症状があらわれるようになり、生育を阻害します。ホウ素は過剰症が出やすく、与えすぎには注意が必要です。

炭水化物の合成に必要

Cl

塩素

◆特徴

光合成による炭水化物の合成や酸素の発生、デンプンやセンイの生成に関与。炭水化物の移動を助けます。チッソの過剰吸収を抑え、ミネラルの吸収をよくし、病害抵抗性を高めます。

◆欠乏すると

新芽が黄化したり、葉の先端が枯れてきます。欠乏がひどい場合、やがて壊死します。

◆過剰になると

葉の先端から葉の縁にかけて枯れ、葉脈間の色も薄くなります。土壌が酸性になり、リン酸やカリウムの吸収を妨げます。作物のセンイが多くなり、硬く品質の悪いものになります。トマトやハクサイなどは、カチカチに硬くなって食べられなくなります。

体内の化学合成を助ける

Mo

モリブデン

防御系　生命維持系

◆特徴

タンパク質の合成、ビタミンCの合成に関わるミネラル。マメ科野菜の根粒菌のチッソ固定にも関与します。微量要素の中では必要量がもっとも少ない元素で、堆肥にも含まれています。肥料として与えなくても欠乏することはほとんどありません。

◆欠乏すると

下の葉から症状があらわれ、葉に淡い緑や茶色の斑点ができて、葉が内側にわん曲するようになります。症状がひどくなると斑点が褐色になり、葉の縁から枯れてきます。

◆過剰になると

通常、過剰症はあまり見られません。大量に施肥した場合、葉脈の間が黄色くなる、灰色の不規則な斑点ができるといった症状が見られ、ひどい場合はしおれて落葉します。

イネ科などのカラダを強くする

ケイ酸

◆特徴

厳密には「微量要素」のカテゴリーではなく、すべての野菜に必須な元素ではありませんが、特定の作物には大きな効果を発揮します。ケイ酸はとくにイネ科植物が多く必要とし、カラダの表面をガラスコーティングしたり、センイを強化したりして、病害虫から守ったり、倒れにくくするという特徴があります。

野菜つくりにとっても不要とはいえませんが、ケイ酸は世の中でもっともありふれているミネラルであると言え、そのへんの石ころにも含まれており、あえて施用しなくてもまなかえる微量な要素です。逆にケイ酸を与えすぎると、野菜が硬くなりすぎて食べられなくなってしまうというリスクがあります。

6 ミネラル肥料の選び方、与え方

ミネラルは「過不足なく、バランスよく」

それぞれのミネラルは、過不足なくあることが重要ですが、そのバランスも大切です。ある成分が多いと他の成分の吸収が抑制されることを「拮抗作用」といいます。

代表的なものが、カルシウム、マグネシウム、カリウムの関係。これらは吸収を抑制しあいます。カルシウム、マグネシウム、カリウムのミネラルバランスは、5：2：1の比率がよいですが、カルシウムが少し多めのほうが、出来がよくなります

このバランスが崩れて、あるミネラルが過剰になると、他のミネラルの欠乏症を起こすことがあります。たとえば、マグシウム欠乏の症状が見られても、実は原因はカリ過剰だったということがあります。長年栽培を繰り返している畑では、カリ過剰、カルシウム過剰になっていることがよくあるのです。

とくにpHがアルカリ気味に傾いている土壌では、かならず土壌診断をして、何が過剰になっているのかを確かめましょう。その上で、過剰なものは与えず、不足しているものを補い、バランスを整えます。また、ミネラル肥料は過剰害が出やすいので、pHが弱酸性の場合でも、5章で紹介するような量を守って、適量を与えることを心掛けてください。

逆に、お互いに吸収を促進しあう「相乗作用」もあります。カリウムと鉄、マンガンでは、増えるとお互いに吸収されやすくなります。

ミネラル肥料の選び方

BLOFでは、チッソ、リン酸、カリはおもにアミノ酸肥料から供給されるので、それ以外の要素を「ミネラル肥料」で補います。

ミネラルの「拮抗作用」と「相乗作用」

お互いに抑制しあう OR
どちらかが増えると相手を抑制する

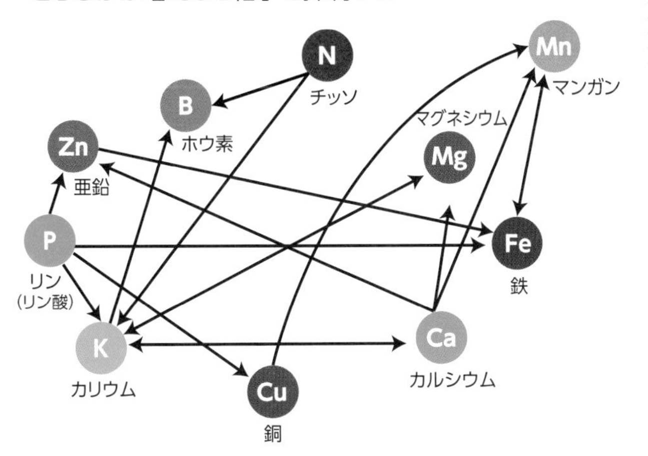

カルシウムが増えすぎればマグネシウム、マンガン、亜鉛の吸収が抑制される。
リン(リン酸)が増えすぎれば亜鉛、カリウム、鉄、銅の吸収が抑制される

相乗作用で相手の吸収量も増える

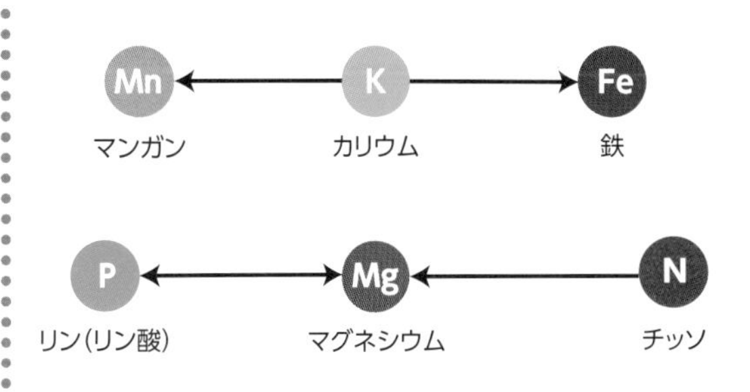

中量要素のマグネシウムとカルシウムは作物に非常によく吸収されるため、積極的に補う必要があります。代表的な資材に苦土石灰があります。ただし、マグネシウムに対してカルシウムの量がかなり多いので、苦土石灰でマグネシウムを全量まかなおうとすると、石灰過剰になってしまうことも。そのような肥料分の偏りは、作を重ねるごとに蓄積されて問題になります。

前述したとおり、マグネシウムとカルシウムのバランスは2：5が目安。ねらった量やバランスで補えるように、BLOFではカルシウムとマグネシウムはそれぞれ単体の肥料を使うのが基本です。

微量要素については、成分量が明らかにされている市販の資材はあまりありません。たとえば「鉄、マンガンなど10種類のミネラル配合」などと書かれていても、実際にはそれぞれ0.1%にも満たない量しか含まれていないケースもあり、これでは野菜が必要とする量にはまるで足りません。

ミネラルを吸収しやすいpH

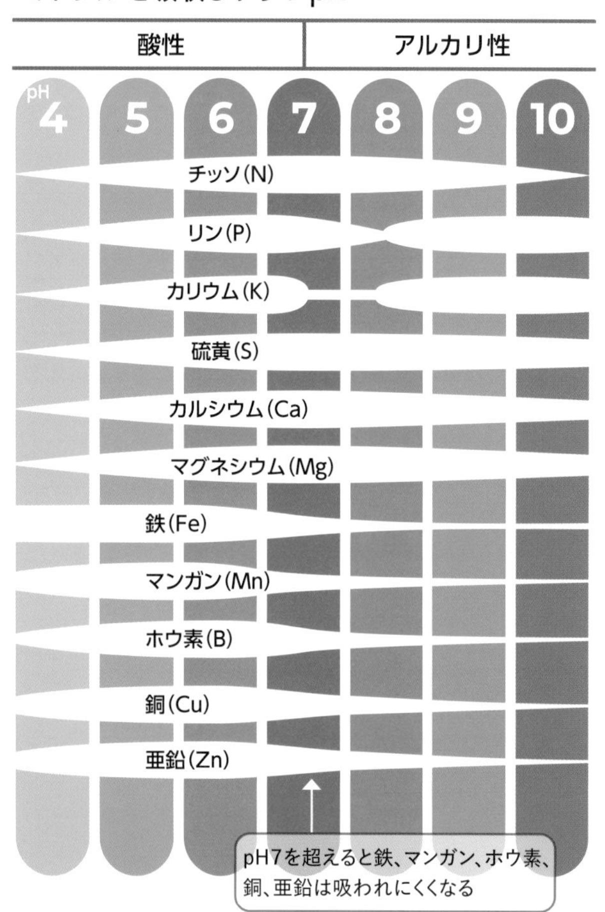

微量要素をバランスよく補える資材には「クワトロネオ」があります。微量要素の中でも植物の消費量が多く、不足すると欠乏症状が出やすいマンガン、鉄、銅、亜鉛、ホウ素の5種のミネラルをバランスよく配合しています。

弱酸性では多くのミネラルを吸収しやすい

ミネラルの吸収のしやすさは、土壌酸度（pH）によって変化します。弱酸性では多くのミネラルが吸収しやすくなります。

しかしpH7半ば以上のアルカリ性になると、鉄、マンガン、ホウ素、銅、亜鉛といった微量要素ミネラルは吸収されにくくなり、土中にあっても欠乏症を起こす恐れがあります。pHの高い畑では、まずpHの調整が重要です。

マグネシウムは水溶性、ク溶性を使い分ける

マグネシウムは葉緑素の中心にある元素で、光合成にとってもっとも重要なミネラルです。不足しないように常に気を配りたいものです。

マグネシウム資材には3つのタイプがあります。①水溶性、②ク溶性、③水溶性とク溶性が混ぜ合わされたものです。

水溶性のマグネシウムには「硫酸マグネシウム」（硫マグ）があります。速効性があるので追肥に適しています。また、硫黄を多く必要とする植物にも適しています。土壌のpHが中性またはアルカリ性の場合、土壌ｐＨを上げずにマグネシウムを補えます。

土壌が弱酸性か酸性なら、ｐＨを上げる効果のあるク溶性の「水酸化マグネシウム」を使います。

鉄は堆肥に混ぜると吸収アップ

鉄は呼吸で使う酸素を運ぶ役割を担っています。光合成でつくられた炭水化物からエネルギーを取り出す

ときにも鉄が必要なので、非常に重要なミネラルです。鉄が少なくなると、根は酸素が少ない地中深い部分に入れなくなります。カラダを支える直根や毛細根が少なくなり、浅根型になり、乾燥に非常に弱くなります。

鉄は水に溶けにくく吸われにくいので、鉄資材を堆肥と混ぜて与えるのがおすすめです。堆肥中の有機酸と結びついて、根が吸収しやすくなります。

有機栽培の畑の多くは、鉄はほとんど施用されていません。スイカやトマト、ニンジンの色が出なくなったというときは、鉄不足の可能性が大きいといえます。そんなときは、水溶性の鉄資材を追肥することで補うことができます（「アイアンパワー20」（水溶性鉄20%を含む）など）。

鉄を補給すると、根が深く張るようになり、今まで吸収できなかった養分が吸えるようになります。半面、養分を多量に吸収するようになるため、鉄以外の養分もしっかり補う必要が出てくる点に注意しましょう。

カルシウムは蒸し焼きした カキガラがおすすめ

カルシウム（石灰）は、土壌pHの調整だけでなく、植物の体内で重要な働きをするミネラルでもあります。カルシウム肥料の中でも、カキガラは微量要素を一番豊富に含んでいる理想的な肥料です。

しかし、カキガラを乾燥、粉砕しただけでは溶けにくいという欠点があります。このためカキガラの資材を選ぶ際は、焼いて溶けやすくなっていることが重要です。ただし、火で直接焼く方法では、殻に含まれるタンパク質の一種「コンキオリン」も燃えてしまいます。コンキオリンとは、キチンキトサンに似た物質で、これが入ると土に放線菌が増えます。放線菌が増えると、殺菌作用をはたらかせることができるのです。

そのため、カキガラはただ焼いたものではなく、蒸し焼きにして、コンキオリンが残っているものを選ぶようにするとよいでしょう。

そのようなカキガラ資材は、通常のカルシウム資材と比べ、増収効果は約20%増、耐病性は約10倍、発根促進や収穫物の品質・食味などにおいても著しい向上が見られることがわかっています。

BLOFのミネラル肥料

「ナチュラルカルシウム」（カルシウム54%）。蒸し焼きにしたカキ殻を使用。放線菌を増やすコンキオリンが多く含まれる

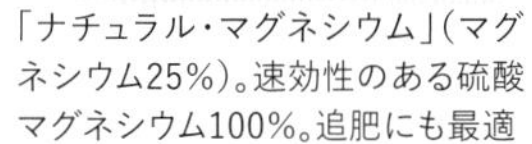

「ナチュラル・マグネシウム」（マグネシウム25%）。速効性のある硫酸マグネシウム100%。追肥にも最適

「クワトロネオ」（マンガン12%、ホウ素2.4%、鉄10.1%、銅2.5%、亜鉛2.45%）。これ1つで不足しがちな微量要素がバランスよく補える

また、カキガラは、粉と粒が混ざった状態のものを使用すると、粉の部分は早く効き、粒は長い期間効くというメリットがあります。

チッソよりミネラル優先

堆肥で炭水化物を補い、ミネラルを十分与えてからチッソをはたらかせると、生育は強く、よくなります。シンプルな法則ですが、これをいつでも守るように意識するだけで、生育のレベルは段違いに変わります。

じつはこの「ミネラル優先」は、自然界でも行われています。野生の植物が、病害虫の被害に遭っている姿を、あまり見たことがないのではないでしょうか？自然の中では、チッソよりも、土に溶け出したミネラルが常に優先して効いています。堆積した有機物が分解されて、生長のための栄養分「チッソ」になるまでには、とても時間がかかるからです。おかげで病害虫も少なく、健全に生育しているのです。

7 微生物を菜園の味方に
——有機栽培成功の鍵

有機栽培と微生物は切っても切れない関係です。有機栽培は、身近な有機物を活用して作物を健全に育てることを目標にしますが、有機物の発酵分解は微生物が担っています。微生物には栽培にとって有用なものもあれば、有害なものもあります。有用な微生物の力を上手に生かすことが、有機栽培成功の最大のポイントといえます。

BLOFで味方につけたい微生物には、おもに4つの菌がいます。これらの菌を自分で増やして、太陽熱養生処理や栽培の際に有効利用してみましょう。

頼りにしたい微生物 その①
納豆菌（枯草菌・バチルス菌）

名前のとおり、納豆をつくる際に働く菌。タンパク質やセンイといった有機物の分解力が強く、カビを抑える力も非常に強いのが特徴です。また、ネバネバ成分によって土の団粒構造をつくってくれます。バチルス属の中の枯草菌の仲間で、細菌の一種です。繁殖力が強く、熱にも強い性質があります。酸素が好きな好気性菌です。

植物の病気の中でもっとも多いのが、カビの仲間が引き起こす病気。カビの菌糸の表皮は多糖類で覆われ、カビのカラダは「タンパク質」でできていますが、納豆菌は、この多糖類やタンパク質を分解する酵素を持っているのです。そのため納豆菌は、野菜の病気を引き起こすカビや細菌に打ち勝つ力が強く、それらの増殖を抑えることができるのです。その力は、納豆にいつまでもカビが生えないのを見てもわかります。

納豆菌の中には、ガやチョウ、甲虫の幼虫をやっつける種類もいて、カビだけでなく害虫退治にも役立ちます。納豆菌は、病害虫防除と、よい土壌つくりの主役といえます。

頼りにしたい微生物 その②
放線菌

放線菌は、納豆菌と同じく自然界に普通に存在していて、腐葉土や縁の下の、湿気った匂いのもとになっています。硬いセンイの分解が得意で、堆肥つくりの後半で活躍しています。細菌の一種ですが、菌糸を伸ばして広がります。好む温度は、納豆菌と同じく30～65℃です。酸素が好きな好気性菌。

放線菌は「キチナーゼ」という酵素で、センチュウや甲虫類、カビの仲間のフザリウム菌といった、カラダの表面がキチン質で覆われた病害虫を分解する力があるのが特徴です。フザリウム菌は土壌病害を起こす菌で、トマトの萎凋病、イチゴ萎黄病、カボチャやエンドウ、ソラマメの立枯病、キュウリ・メロン・スイカなどのつる割病がよく知られています。

また、放線菌には抗生物質を出すものもあり、細菌やカビの増殖を抑える強い力があります。

カニの殻、エビの殻を粉砕して堆肥に一緒に混ぜ込むと、放線菌がそれをエサにして増殖しやすくなります。蒸し焼きにしたカキガラ石灰も放線菌を増やします。放線菌の含まれた堆肥を施すことで、土中の放線菌を増やしていきましょう。

頼りにしたい微生物 その③ 酵母菌

パンの発酵でおなじみの酵母菌（イースト）は、アルコール発酵の主役。納豆菌など、他の菌によって分解された有機物を材料に、アミノ酸、ビタミン、ホルモン、核酸、酵素など、あらゆるものをつくり出します。酸素のない環境でも、糖分を分解して二酸化炭素とアルコールをつくり出すことができます。このはたらきが酒つくりやパンつくりに役立っています。

酵母はまた、太陽熱養生処理の主役となる菌で、有機栽培ではぜひ味方につけたいものです。太陽熱養生処理をする際に酵母菌を土壌にすき込めば、吐き出す二酸化炭素によって土をふかふかにする効果があるのです。同時につくられるアルコールは、病害虫を殺菌、死滅させる効果があります。

酵母菌は糸状菌(カビ)の仲間ですが菌糸は出さず、カビと細菌の中間的な性質を持っています。酵母菌が好む温度は15 ~ 40℃程度ですが、酵母の種類によっては5℃程度の低温でもはたらくものもあります。

頼りにしたい微生物 その④ 乳酸菌

乳酸菌は、糖類を分解して乳酸などを生成する細菌の総称です。酸素が嫌いな通性嫌気性菌。納豆菌や放線菌と比べると有機物の分解は得意ではありませんが、乳酸菌がつくる酸は殺菌作用を持っていて、食品加工では雑菌を抑える役割に利用されます(漬物など)。畑への利用では、有害菌の繁殖を抑え、病害の予防、有機物が腐るのを防ぐはたらきがあります。

乳酸菌にはさまざまな種類がありますが、発酵形式としてヘテロ型とホモ型という分類があります。ヘテロ型は糖をエサにして乳酸、酢酸、二酸化炭素，アルコールなどの副産物を生成します。酸の力で土壌酸度（pH）を下げ、ミネラルを可溶化して吸収しやすくする効果もあります。もう一つのホモ型は、乳酸のみをつくります。畑に使うならヘテロ型がおすすめです。

微生物の増やし方

培養のポイント

①水道水を使わない

培養に使う水は純水かミネラルウォーターを使用します。水道水は塩素で消毒されており、菌の増殖を抑える働きがあるため使用しません。もし水道水を使う場合は、しっかり煮沸してカルキ抜きをしておきます。

②保温はヨーグルトメーカーがおすすめ

培養の際は、菌の好む温度に一定時間保温することが必要です。市販のヨーグルトメーカーなら狙った温度で手軽に保温ができるので、とても便利です。Amazonなどネット通販で3,000～5,000円程度で購入できます。菌の培養に使うためには、容器が1L以上あり、保温時間24～48時間のものであれば十分です。

③つくったらすぐ使う

完成直後が一番微生物の活性が高いので、つくってすぐに使用しましょう。とくに納豆菌は雑菌が入りやすいので保存はできません。乳酸菌、酵母菌を使い切れないときは、冷蔵庫に入れ2～3日以内に使います。

④糖は黒糖、オリゴ糖がおすすめ

酵母菌と納豆菌、放線菌を増やすときは黒糖、乳酸菌にはオリゴ糖を使うのがおすすめです。ブドウ糖、ショ糖、オリゴ糖、黒砂糖それぞれで各微生物の培養試験をしたところ、この組み合わせがもっとも繁殖率が高かったという結果があります。白砂糖ではいずれの菌も繁殖率が低かったです。

培養した微生物の使い方の例

- 太陽熱養生処理（52ページ）
- 養生処理をしない場合でも、元肥と一緒に20～100倍希釈液を土にたっぷりと散布するとよいでしょう（全部合わせて希釈・散布してOK）。
- トマトやキュウリなど、栽培期間が長い野菜では、納豆菌と放線菌を合わせて100倍程度に希釈して、霧吹き等で葉面に噴霧することで、病原菌の被害を抑えるのに役立ちます。

納豆菌の培養の仕方

市販の納豆を使って培養します。酸素を好むため、培養中はエアーポンプで空気を送ります。

〈材料〉
約40℃のぬるま湯……500cc
納豆……3粒(※)
黒糖(またはブドウ糖)……3～5%(15～25g)
豆乳……2～3%(10～15cc)
※違うメーカーの納豆3種を1粒ずつ使う
ヨーグルトメーカー、エアーポンプ

納豆は違うメーカーのものを3種使う

〈つくり方〉
①納豆は豆ではなく、表面のネバネバのみを使う。料理用のこし器、茶こしなどに納豆を3粒置いて、上から約40℃のぬるま湯（分量外）を少量かけてボウルに取る。
②黒糖を少量の熱いお湯（分量外）で溶かし、約40℃に冷まして①のボウルに入れる（粉タイプの糖ならそのままボウルに入れる）。
③豆乳、約40℃のお湯500ccを加え、よく混ぜる。
④ヨーグルトメーカーに③を入れ、金魚や熱帯魚の水槽に使うエアーポンプを入れて、ぶくぶくさせる（酸素を与えるため）。
⑤ヨーグルトメーカーの温度を40℃、時間を18時間にセットして保温して完成。20～100倍程度に希釈して使う。

【ポイント】
納豆を3種使うのは、納豆菌にもいろいろな種類があるから。土壌病害の退治に効果のある菌、ない菌があるため、確実にはたらいてもらうために3種を使います。
市販の納豆にはさまざまなものがありますが、匂いのきついもののほうが効果は高いようです。

放線菌の培養の仕方

納豆菌と比べて増殖のスピードが遅いため、時間をかけてじっくり培養します。酸素を好むため、培養中はエアーポンプで空気を送ります。

〈材料〉
約30℃のぬるま湯……500cc
放線菌がよく繁殖した中熟堆肥……5g
黒糖(またはブドウ糖)……1～3%(5～15g)
ヨーグルトメーカー、ティーバッグ、エアーポンプ

〈つくり方〉
①黒糖を少量の熱湯（分量外）で溶かし、約30℃に冷まして、ヨーグルトメーカーの容器に入れる（粉タイプの黒砂糖やブドウ糖ならそのまま入れてOK）。
②約30℃のぬるま湯500ccを加え、よく混ぜる。
③使い捨てのティーバッグに放線菌堆肥を5g入れ、ヨーグルトメーカーの容器に沈める。
④ヨーグルトメーカーに金魚や熱帯魚の水槽に使うエアーポンプを入れて、ぶくぶくさせる。
⑤ヨーグルトメーカーの温度を30℃にセットし、7～10日間保温して完成。10～100倍程度に希釈して使用する。

【ポイント】
「ソイルメイク11」など、放線菌が十分に増殖した堆肥を種菌に使います。堆肥には納豆菌も含まれているので、保温設定を高い温度にすると、放線菌より納豆菌のほうが増えてしまいます。設定温度は30℃とします。エアーポンプで送る空気の量は、熱帯魚を飼う程度の少なめのブクブクで構いません（納豆菌を培養する場合も同じ）。

酵母菌の培養の仕方

パン用のドライイーストを使って培養します。おすすめは「白神こだま酵母」。酵母菌の中では比較的低温に強く、土壌でもよく活躍します。

〈材料〉
約30℃のぬるま湯……500cc
ドライイースト……5g
黒糖（またはブドウ糖）……3～5%（15～25g）
ヨーグルトメーカー

〈つくり方〉
①黒糖を熱いお湯（分量外）で溶かし、約30℃に冷まして、ヨーグルトメーカーに入れる（粉タイプの黒砂糖やブドウ糖ならそのまま入れてOK）。
②ドライイーストを加える。
③約30℃のぬるま湯500ccを加え、よく混ぜる。
④ヨーグルトメーカーの温度を30℃、時間を12時間にセットして保温したら完成。20～100倍程度に希釈して使う。

【ポイント】
家庭菜園で酵母液の散布量が少ない場合は培養をせずに、1m²あたり5g程度のイーストを100～200ccの水でよく溶いて散布する方法が手軽です。

白神こだま酵母ドライ。低温でも活躍する酵母菌を含んでいる

太陽の酵母。低温・乾燥に強い粉状の酵母菌。春、夏の太陽熱養生処理でも活躍（ジャパンバイオファーム）

乳酸菌の培養の仕方

BLOFでは植物性「ヘテロ型」の乳酸菌を使います。太陽熱養生処理で使用するほか、栽培中も活躍してくれる頼りになる菌です。

〈材料〉
約30℃のぬるま湯……500cc
カゴメ「ラブレ（プレーン）」……20～40cc
オリゴ糖（またはブドウ糖）……3～5%（15～25g）
豆乳……2～3%（10～15cc）
ヨーグルトメーカー

「ラブレ」の乳酸菌は、植物性でヘテロ型なのでBLOFに最適

〈つくり方〉
①オリゴ糖と豆乳をヨーグルトメーカーの容器に入れる。
②ラブレをヨーグルトメーカーの容器に入れる。
③約30℃のぬるま湯500ccを加え、よく混ぜる。
④ヨーグルトメーカーの温度を30℃、時間を12時間にセットして保温したら完成。20～100倍程度に希釈して使う。

【ポイント】
よくある質問は、「乳酸菌の種菌に使うのは、ヤクルトやカルピスじゃダメなんですか？」というものです。「ラブレ」は植物性の乳酸菌、「ヤクルト」や「カルピス」は動物性の乳酸菌です。動物性の乳酸菌の特徴は、おもに牛乳をエサにしていることです。牛乳は、牛の赤ちゃんを育てるための豊富な栄養が含まれたご飯。それを食べて育った乳酸菌も、栄養たっぷりで育っています。
それにたいして植物性の乳酸菌は、カブなどの漬物からとられたもので、牛乳に比べればはるかに栄養の少ない環境で育った菌です。つまり、栄養が乏しい環境でも頑張れる菌なのです。そのため、野菜つくりでは、植物性のものを使います。
ラブレの他にも「パンラクミン錠」（第一三共ヘルスケア）や、「新ビオフェルミンS錠」（大正製薬）などを10錠程度、砕いて使用する方法でも構いません。

3章 一発逆転の必殺技!? 「太陽熱養生処理」

微生物の力を借りて、団粒構造の土を
短期間でつくる方法を紹介。

中熟堆肥が
いいらしい

短期間でふかふか
の土がつくれるのね
楽しみだわ

中熟
堆肥

わたしが菌を
増やすー！

これも
入れて！

アミノ
酸

ミネラル

1 栽培の前にぜひやっておきたい

団粒構造の土が短期間でつくれる

1章で見たように、BLOF理論で重要な3分野を示す円の中でも、「土つくり」は重要度、優先度ともにもっとも高く位置づけられています。具体的には、根が広く深く張れて、養分を十分吸収できる土をつくること。通気性、保水性、排水性のよい団粒構造をつくることが大切です。

団粒構造の発達した土をつくるには、通常なら毎年堆肥を入れ、何年もかけて徐々に土壌を改良していきます。しかし、BLOFの「太陽熱養生処理」を行えば、短期間で団粒構造の土ができます。一発逆転の必殺技、それが「太陽熱養生処理」なのです。

野菜の出来が変わる! 5つの効果

太陽熱養生処理とは、土の中に堆肥や肥料、水、有用微生物（納豆菌、放線菌、酵母菌、乳酸菌）を入れ、透明マルチでウネを数週間密閉し、太陽熱の力を借りて土中深くまで十分に発酵させることです。

太陽熱養生処理は次のような効果が期待できます。

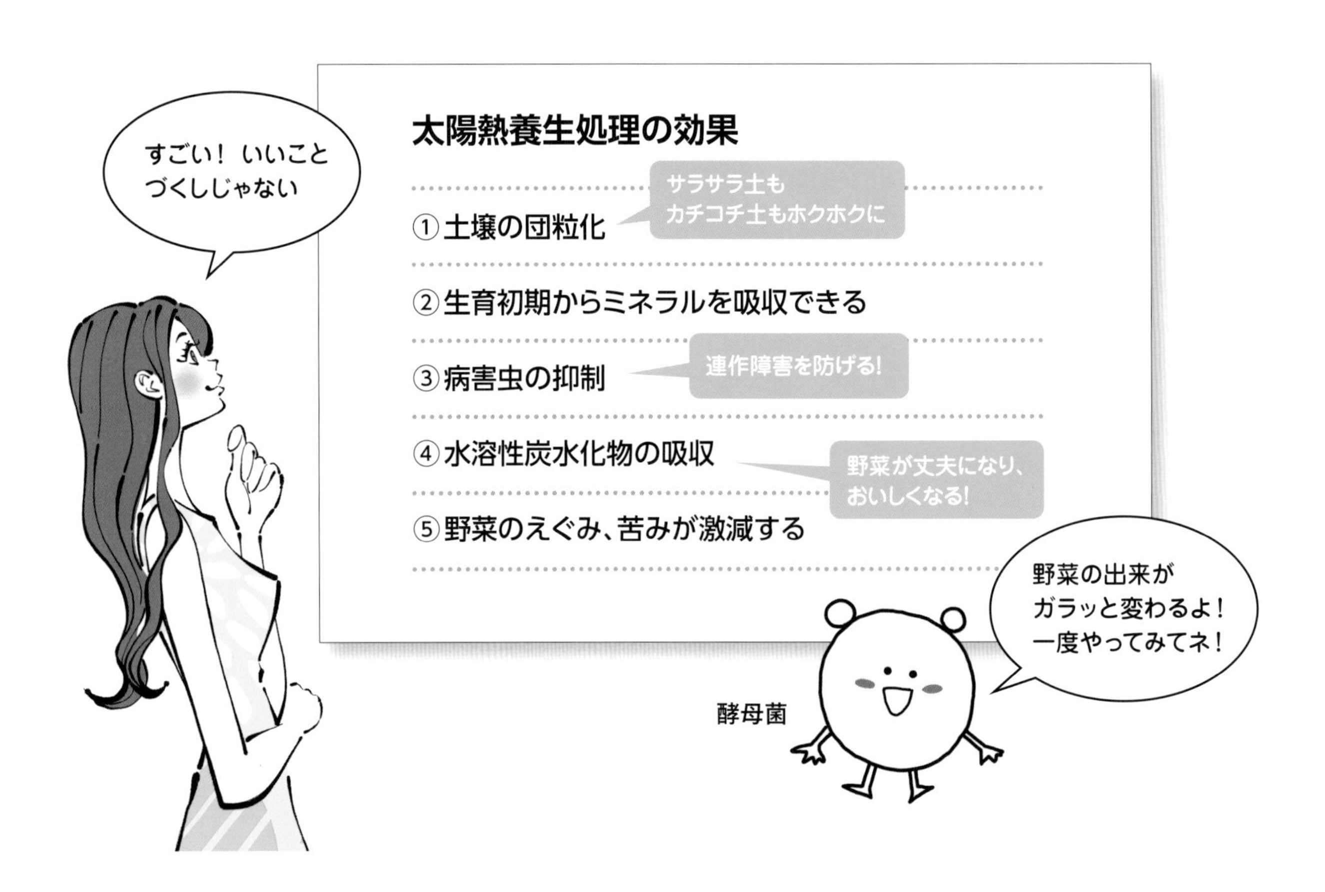

①土壌の団粒化

太陽熱養生処理の際には、酵母菌を使用することが重要なポイントです。土を深くまでふかふかにする主役となるのが酵母菌だからです。パンが膨らむのと同じ原理で、酵母菌が出す炭酸ガスが土の中に広がり、空気の層が増えて、硬い土でも軟らかくなるのです。養生処理後には納豆菌がネバネバ物質を出して土の粒子がくっつき、団粒化が促進されます。

②生育初期からミネラルを吸収できる

アミノ酸肥料とミネラル肥料を比べると、水に溶けやすいアミノ酸肥料のほうがどうしても早く効いてしまいます。ミネラル肥料は鉱物であり、石みたいなものなので、溶け出すスピードが遅いためです。

元肥で十分な量を与えても、根から吸われる順番はアミノ酸肥料優先になりやすく、細胞は大きくなっても、細胞壁やセンイをつくるミネラルのはたらきが遅れるため、病害虫の被害に遭いやすくなります。

太陽熱養生処理を行えば、透明マルチで密閉された土が太陽熱によって温められることにより、ミネラルが可溶化し、中熟堆肥に含まれる腐植酸にミネラルが挟み込まれる（キレート化する）ことによって、作物の根が初期からミネラルを吸収できるようになります。

栽培のスタートからしっかりミネラルを吸収できるようになるので、病害虫に強くなるだけでなく、その後の生育も順調になります。

③病害虫の抑制

太陽熱養生処理を行うと、酵母菌の出すアルコールに触れた病害菌は死滅します。また、納豆菌や放線菌の出す抗菌物質や酵素が、カビなどの土壌の病害虫を抑制。乳酸菌の出す乳酸にも殺菌効果があります。

温度を上げることも、糸状菌が原因の土壌病害の抑制には効果的です。養生処理中の透明マルチの中は、夏場は数日間かけて地温60℃ぐらいに達します。カビの胞子は熱に強く、60℃程度では死滅しません。しかし、徐々に温度が上がっていく過程で、カビの胞子が発芽して菌糸を伸ばし始めます。発芽してすぐのカビは細胞壁も薄く、抵抗力が弱いため、60℃程度の温度でも耐えられず死滅します。

太陽熱養生処理を行っている筆者の菜園

**太陽熱養生処理によって
有用微生物が一気に増え、
土壌の病害虫が減っていく**

やられる〜
うわ〜ん
にげろ〜

養生処理により有用微生物の密度を高めることで、病原菌が増えにくい環境もつくれます。

④水溶性炭水化物の吸収

微生物の活動が活発になるので、堆肥に含まれる有機物の分解が進みます。できた水溶性炭水化物（有機酸など）は、根から吸収されて細胞つくりなどに使われます。これにより、まだ葉が小さな段階から、初期生育が非常によくなります。また、酵母菌が出したアルコールは、マルチをはがして好気的な環境になると酢酸に変わります。酢酸は植物に吸収される水溶性炭水化物。生育初期に吸わせると、植物が乾燥に強くなるなどの効果も期待できます（酢酸については130ページも参照）。

⑤野菜のえぐみ、苦みが激減する

作物の生育にチッソ分は不可欠ですが、過剰なチッソは「硝酸態チッソ」として、収穫後の野菜に残ります。多すぎれば人のカラダに害になり、野菜のえぐみ、苦味のもとにもなります。

太陽熱養生処理をしっかり行うと、土の中の硝酸態チッソが微生物に取り込まれて減少します。野菜の中の硝酸態チッソも少なくなり、野菜はおいしいだけでなく、日持ちもよくなります。

土壌が団粒化するしくみは、納豆菌と酵母菌の連携プレー

太陽熱養生処理で土壌が団粒化するのは、おもに納豆菌と酵母菌のはたらきによるものです。まず、納豆菌が中熟堆肥に含まれるセルロースなどのセンイを分解して糖に変えます。また堆肥に含まれるタンパク質も分解してアミノ酸に変えます。

酵母菌は、納豆菌がつくった糖やアミノ酸をエサにして増殖し、糖から炭酸ガス（二酸化炭素）を大量につくり出します。糖が二酸化炭素になるとき、体積が大きく増えるため、硬く締まった土壌を砕いて空隙がたくさんできるのです。

そのままだと、スカスカしてつぶれやすい土になるのですが、マルチをはいだあと、酸素が大好きな納豆菌が活躍します。納豆菌が分泌するネバネバ物質が土の粒子どうしをくっつけて大小の塊になり、つぶれにくい団粒構造ができ上がるのです。

太陽熱消毒との違い

野菜つくりの本には「太陽熱消毒」が紹介されてい

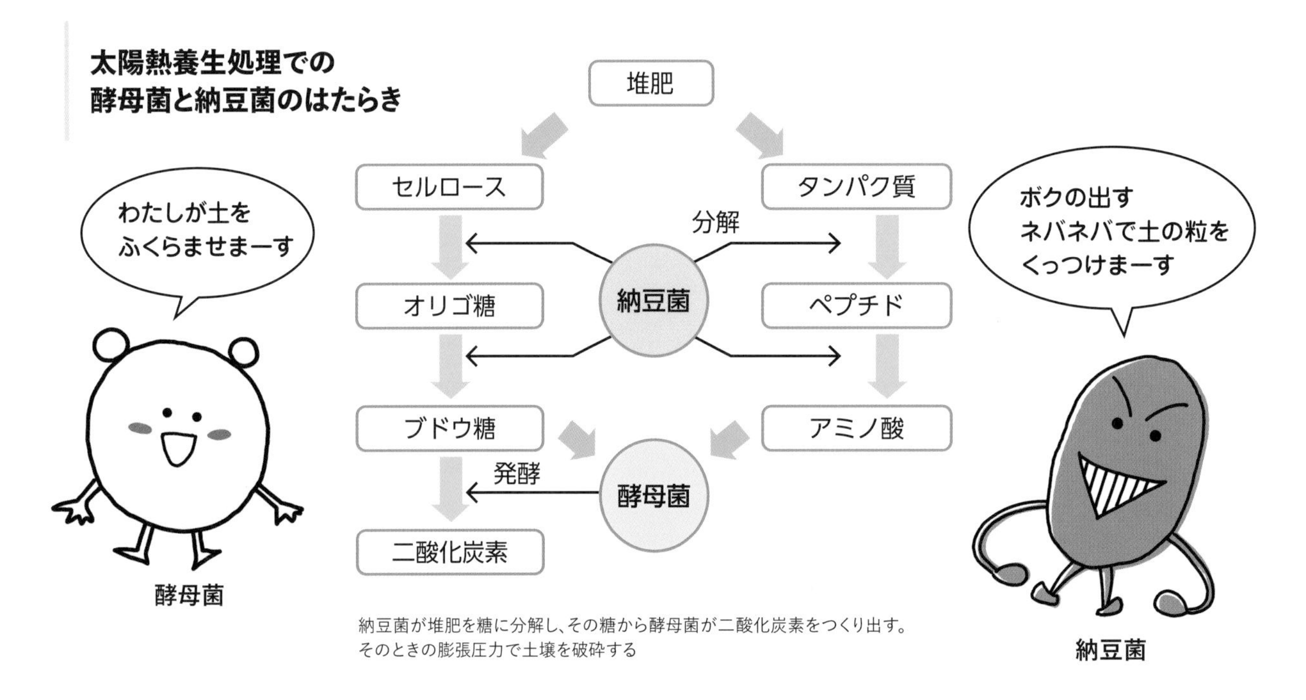

納豆菌が堆肥を糖に分解し、その糖から酵母菌が二酸化炭素をつくり出す。
そのときの膨張圧力で土壌を破砕する

ることもあります。「高温で土壌を消毒し､病害虫や雑草の種を死滅させる」ものですが、BLOFの太陽熱養生処理は少し違います。そもそも、高温だけで死滅させられる病害虫や草のタネは限られています。

BLOFで行う太陽熱養生処理は、有用な微生物を増やすために行うことが大きなポイントになります。マルチの中で有用な微生物が増え、酵母菌がつくるアルコールや、乳酸菌がつくる乳酸が、雑菌や雑草のタネを死滅させたり、抑制するのです。

夏がベストだけど､春や秋でもOK

一般的な太陽熱消毒は、土の温度が上がりやすい真夏に行います。太陽熱養生処理も、カビの胞子や雑草のタネを死滅させるといった効果を最大限得るには、夏の暑い時期に行うことがもっとも効果的です。

ただし、春先でも秋でも、たとえ1週間しか太陽熱養生処理をできなくても、効果は大いにあります。土をふかふかにする効果を得るために、重要なのは最初の3日間くらいです。春や秋の場合、酵母菌は低温に強い「白神こだま酵母」を使用すれば、土をふかふかにする効果は数日で実現できます。また、ミネラルを根が吸収しやすくする効果ものぞめます。

夏でなければと堅苦しく考えず、自分のできるタイミングで、野菜の植え付け前に太陽熱養生処理をぜひ一度試してみてください。野菜の出来がガラリと変わり、確かな手ごたえを感じられると思います。

ベタベタ畑がフカフカ畑になるまで

①堆肥散布

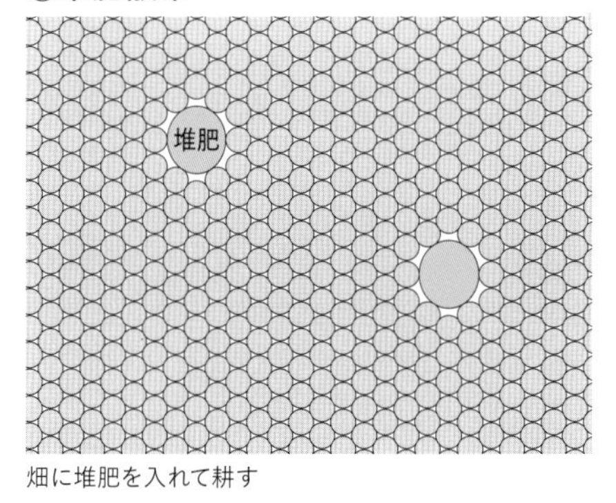

畑に堆肥を入れて耕す

②浸透

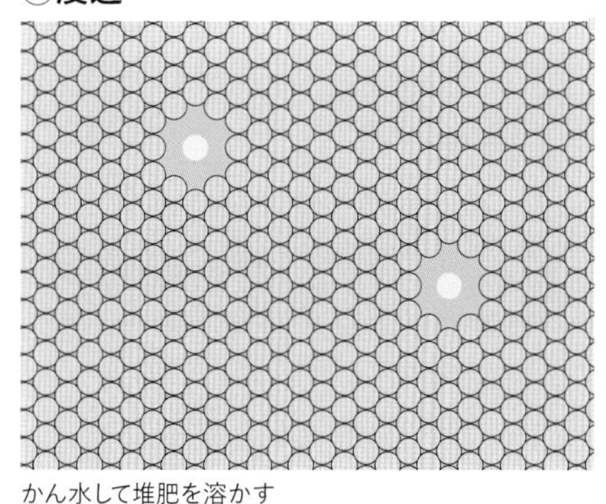

かん水して堆肥を溶かす

③膨張

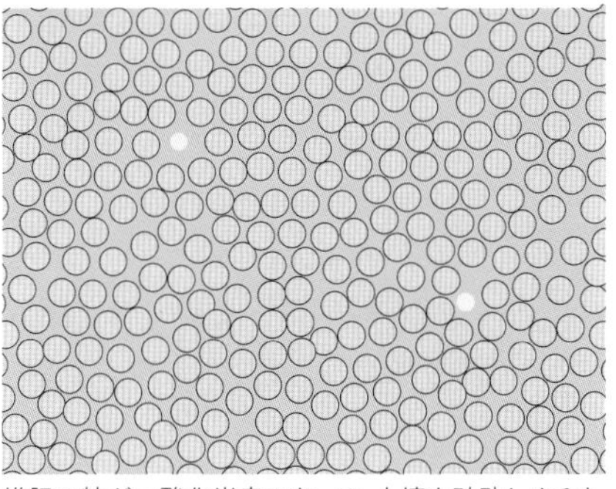

堆肥の糖が二酸化炭素になって、土壌を破砕しゆるませる

④収縮

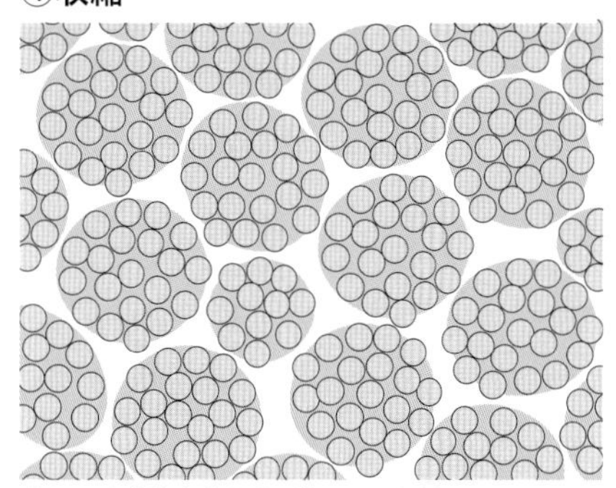

堆肥の水溶性炭水化物が糊となり収縮することで、団粒構造ができる

2 太陽熱養生処理のやり方

必要な材料を準備する

必要なのは、中熟堆肥、微生物、元肥（アミノ酸肥料とミネラル肥料）と水です。堆肥は微生物のエサという位置づけですが、微生物に分解されやすい有機物を豊富に含んだ中熟堆肥（35ページ参照）をぜひ使ってください。

微生物は、2章の49 ～ 50ページのやり方で培養したものを使うのが安上がりです。数㎡程度と面積が狭い場合、酵母菌は1 m²あたり5g程度のドライイーストを100cc程度の水で溶いたものでもいいでしょう。培養の手間がかからず、おすすめです。

ミネラル肥料は太陽熱養生処理によって植物への吸収がよくなるので、元肥を全量入れてから養生処理を行います。アミノ酸肥料も入れておきます。

手順とポイント

【材料】

中熟堆肥と肥料…作物に応じて、元肥として入れる量すべて（5章参照）

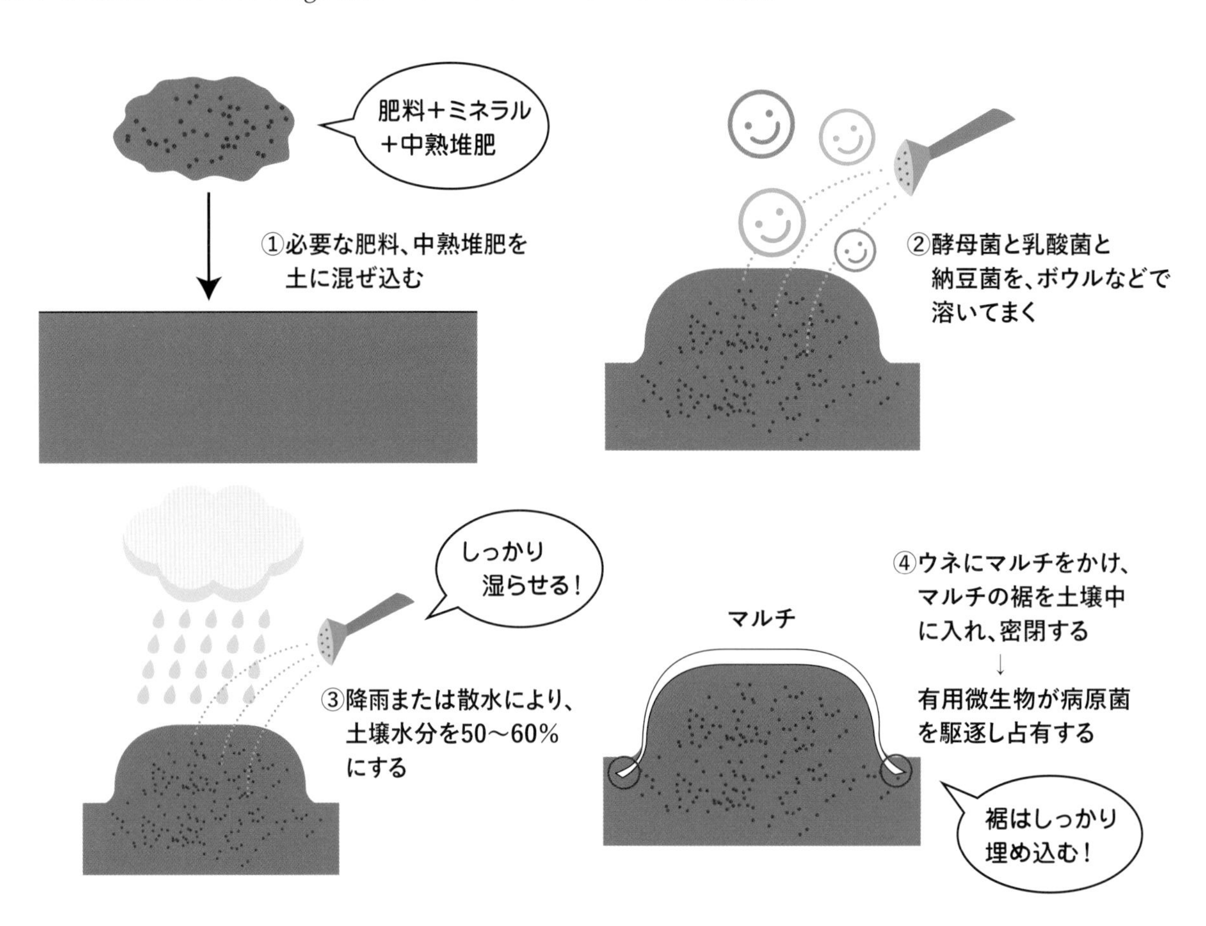

酵母菌（ドライイースト）……20 ~ 30g/m^2
（または培養した酵母菌液を20 ~ 100倍程度に薄めて1 ~ 2L/m^2）
乳酸菌（ラブレ）……10 ~ 20cc/m^2（または培養した乳酸菌液を100倍程度に薄めて1 ~ 2L/m^2）
納豆菌……培養した納豆菌液を100倍程度に薄めて1 ~ 2L/m^2
※道具として水をまくためのジョウロやホース、透明ポリマルチが必要
※バチルス菌を多く含んだ中熟堆肥を使用する場合は、納豆菌を入れなくても問題ありません。

【手順】
①畑のウネに中熟堆肥と必要な肥料を入れてよく耕し、ウネ立てをする。
②酵母菌、乳酸菌、納豆菌をジョウロなどに入れ、100倍程度に水で薄めてウネの土にまく。
③その上からジョウロなどでたっぷり水やりする。
水の量は1m^2あたり20L程度が目安。土の水分量は60%程度（土をぎゅっと握って水が少し落ちるくらい）
④ウネに透明のマルチをかけ、すき間がないように、マルチの裾をしっかり土に埋め込む。
⑤２週間~４週間程度そのまま置く。
※養生期間は、季節や、求める効果によってことなります。詳しくは次項を参照してください。
⑥マルチをはがしたあとは、２~３日ほど置いてから、苗の植えつけやタネまきを行う。
※マルチをはがした直後は、土が軟らかく大変つぶれやすい状態なので、大雨に当てないように気を付けます（雨が降る場合は、雨がやんでからマルチをはがします。短時間の小雨程度なら問題ありません）。マルチをはがして２~３日たつと、納豆菌が活動して団粒構造をつくるため、土はつぶれにくくなります。

養生期間の目安

曇りや雨の日もあり、地温が上がらない日もありますが、マルチを張っておく期間の目安としては14 ~ 30日程度。積算温度300 ~ 900℃が目安です。

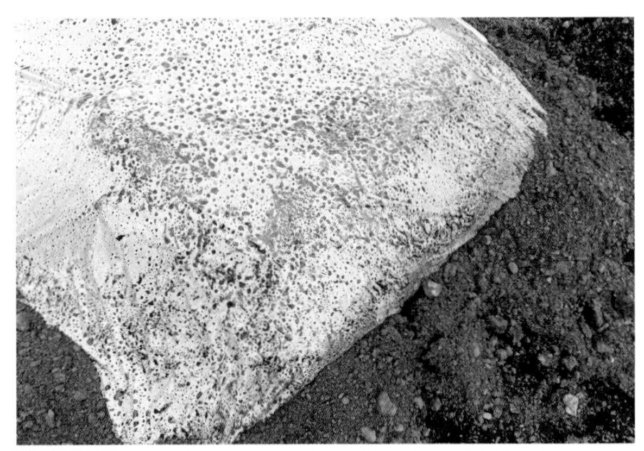
ウネの端のマルチの裾は、土をかぶせるなどして、しっかり密閉する

レイズドベッド（板などで囲って土をかさ上げした菜園）は、囲いごとマルチでぴったり覆うとよい。マルチがずれないようにレンガ等で重石をする

積算温度とは、日中、一番地温が高いときの温度を測り（表層から5cm程度の深さの温度）、それを足し算していったものです。30℃の日が2日続けば60℃、2週間続けば30×14で420℃、というように計算します。

太陽熱養生処理でカビの胞子や雑草のタネ、病原菌や害虫を死滅させるといった効果を最大限得るには、地温55℃以上を３日以上維持し、その上で積算温度800 ~ 900℃を確保することが必要です。

そのため、太陽熱養生処理にもっとも効果的なのは気温が高い夏です。連作等による土壌病害を予防することが目的の場合は、夏に行うのがベストです。

もちろん、春先や秋でも積算温度300℃以上を確保するのは難しくありません。積算温度による効果の違いは次を目安にしてください。

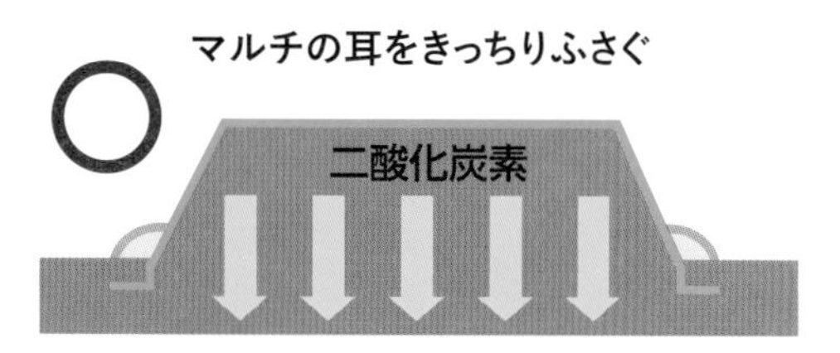

発生した二酸化炭素は下方向へ浸透していき、耕盤を破砕。深いところまで団粒化が進む

蒸発する水により、ウネの上部に塩類が集積し、濃度障害を起こすことがある。団粒化の効果も劣る

①積算温度300℃以上

酵母菌により数日でふかふかの土になります。また、土壌中の有用微生物の増殖、有機物の分解、ミネラルの可溶化が起こります。酵母菌がつくり出すアルコールには、雑菌や病原菌を駆逐する効果もあります。

マルチをはがしたあとはアルコールが酸化して酢がつくられ、根から炭水化物やビタミン、ホルモンなど、植物の生長に役立つものが吸収されます。さらに好気性の納豆菌が活発に活動を始め、土壌団粒をつくります。

②積算温度600℃以上

病害虫やカビの胞子を抑えるはたらきがより強まります。

③積算温度900℃以上

さらに病害虫が駆逐され、雑草の種子を死滅させる効果があります。

成功させるコツ

①土の水分量を60％程度に

太陽熱養生処理では、水分量が成功のカギを握っています。水分量60％程度（ぎゅっと握ってわずかに水がしたたるくらい）になるまで、ウネ全体にしっかり水やりをしてください。

太陽熱養生処理を行う目的の一つに、「納豆菌」「放線菌」といった有用な微生物を増やし、病害虫に対抗させるという重要なねらいがあります。微生物にはそれぞれ好む水分状態があり、有用微生物が増殖しやすい条件は水分40～60％程度です。

また、マルチの中の水分は、日中は暑さで膨張して膨らみ、夜間は冷えて縮みます。この膨らんだり縮んだりを繰り返すことによって、養分も、菌も、全体に染み渡っていきます。

②養生期間中に穴があかないように注意

太陽熱養生処理が失敗してしまうおもな原因は2つ。1つ目は水分量が足りないこと、もう1つはマルチのどこかにすき間があったり穴があいていることです。

酵母菌は酸素のない環境で、糖分をエサにしてアルコール発酵し、二酸化炭素を放出します。マルチにすき間があったり、穴があいていたりするとうまくいきません。

まずは、マルチの裾をしっかり土に埋め込み、空気が入らない状態をつくることが絶対条件。

しかし、最初にしっかりマルチを張っても、養生期間中に穴をあけられてしまうことがあります。主な原因は、鳥や獣。カラスや猫が上を歩いたりしただけで、マルチに穴があいてしまいます。

とくにアミノ酸肥料は動物にとっていい匂いに感じられ、キツネやタヌキがやってくることもあります。また、目がよいカラスは、マルチの中で動いている虫を見つけたり、なにかキラキラ光るものを見つけるとついばみに来ます。

獣の被害よりは鳥の被害が多いようです。被害を防止するには、ウネの周りに数m間隔で支柱を立てて、鳥よけのキラキラした防鳥テープをウネを囲むように張っておくとよいでしょう。

よくある2つの質問

Q1黒マルチではダメですか？
A1ぜひ透明マルチを使ってください

黒は光を吸収する色です。マルチの表面近くは熱くなりますが、土の中はそれほど熱くなりません。透明マルチなら光を通すため、中まで熱くなります。黒マルチの場合、透明マルチに比べ、熱の上昇率は50%以下です。効率が悪く、温度を上げるまでに時間がかかりすぎ、失敗の原因になります。

Q2マルチをはがしてどのくらいで栽培を始められますか?
A2マルチをはがして2〜3日後から、苗を植えたり、タネをまきます。

マルチで密封された中は、酵母菌の発酵でつくられたアルコールや炭酸ガスが充満しています。マルチをはがすと空気が入り込み、アルコールが酸化して酢(水溶性炭水化物)に変化し、それまで眠っていた納豆菌が動きだして、ネバネバで土を絡め、団粒をつくってくれます。この団粒構造化には2〜3日が必要です。

注意点は、団粒構造ができるまでの間に大雨に当てないことです。せっかく軟らかく膨らんだ土が雨に叩かれてつぶれてしまい、団粒化ができません。マルチをはがす時期に大雨が降る場合は、雨のあとにマルチをはがします。

プランターの土は ポリ袋で太陽熱養生処理!

プランターで栽培する場合は、使用する培土をポリ袋に入れて太陽熱養生処理を行う方法がおすすめです。袋のサイズは45L以上のものを用意し、一般的に売られている培土1袋分、25Lを入れて行います。

50L、75Lの土が入る大きなプランターもありますが、一度にすべての土をポリ袋に入れると扱いづらく、袋も破れやすいため、培土25Lごと袋を分けて行うのがおすすめです。ポリ袋だと透明袋に包まれているため高温になりやすく、1週間程度で養生処理が終了します。畑で行う太陽熱養生処理に比べ、はるかに短期間でできます。

有用な微生物が増え、土壌病害を抑制、予防する効果があります。ミネラルが可溶化し、野菜の根が初期から吸収できるようになることで、生育がよくなります。春の時期でも十分効果があるので、培土をプランターに入れる前にぜひ養生処理をしておきましょう。

〈材料〉
ポリ袋……45Lサイズ
プランター用培土……25L(※)
中熟堆肥と肥料…作物に応じて、元肥として入れる量すべて
酵母菌(ドライイースト)……5〜10g
乳酸菌(ラブレ)……10〜20cc
納豆菌……培養した納豆菌液を10〜20cc

※培土は自分でブレンドするほうが安く品質の確かなものがつくれます(137ページ)
※バチルス菌を多く含んだ中熟堆肥を使用する場合には、納豆菌を入れなくても問題ありません。

〈手順〉
①45Lサイズのポリ袋に培土25Lを入れる。
②ポリ袋に中熟堆肥と必要な肥料を入れ、土とよく混ぜる。
③酵母菌と乳酸菌をボウルなどに入れて100cc程度の水で混ぜ、土に回し入れる。
④その上からジョウロなどで4L程度の水をかける。土の水分量の目安は土をぎゅっと握って少し水が落ちる位。
⑤ポリ袋の口をしっかり閉じて、よく日の当たる場所に置く。
⑥夏の晴天が続けば5日程度で終了。曇り空や雨天を挟む場合は、7〜10日程度が目安。気温の低い春先や秋の遅くなら10〜14日程度が目安。
⑦太陽熱養生処理が終了したポリ袋の土をプランターに移し、2日ほど待ってから、苗の植え付けやタネまきを行う。

透明で大きいポリ袋の中にプランターを丸ごと入れて、養生処理。袋の口はしっかり縛って密閉する

ゴミ袋の中に土を入れて密閉する方法。短期間で土の温度が上がるので、春先に行っても効果が高い

微生物なしには人間も生きられない

「微生物」と聞くと難しく思うかもしれませんが、微生物の存在なしには、植物も動物も、人間も生きられません。

動物は光合成を行えないので、自ら栄養をつくることはできません。植物がつくってくれた栄養を草食動物が食べ、草食動物を肉食動物が食べています。

植物が育つための養分は、微生物たちが有機物を分解し、植物の根が吸収できる形にしてくれたものです。もし微生物がいなかったら、植物が吸える養分はなくなってしまい、動物も生きられません。

野菜がよく育つ、ふかふかの土をつくってくれるのも微生物たちのおかげ。微生物が有機物を分解してつくられる腐植や、分解の際に分泌する糊（のり）状の物質、カビの菌糸などが、土と土をくっつける役目を果たして、団粒構造がつくられます。

団粒構造がつくられると、さらにさまざまな微生物が増えていきます。微生物の種類が多様になるほど、病原微生物が突出して増えることはできなくなり、病害虫の被害に遭いにくくなります。

このような豊かな生物相を持った環境つくりも、有機栽培を成功させるためには、重要な鍵になります。

チッソと炭水化物、バランスが大切

植物のカラダは細胞とセンイからできています。

細胞の材料となるのはタンパク質。タンパク質はアミノ酸が複雑に組み合わせられてつくられたもので、そのアミノ酸は、チッソと炭水化物が結びついたもの。一方、センイの材料となるのは炭水化物が直鎖状につながったものです。

BLOFの有機栽培で、おいしい野菜をたくさん収穫するためには、与える肥料が、細胞つくりの材料なのか、センイつくりの材料なのかを理解し、その量をうまく加減してあげることが大切です。

炭水化物が少なく、チッソが多ければ、野菜のカラダはどんどん大きくなり、生育はひょろひょろと徒長気味になります。そうなると、アブラムシやアオムシなどの害虫被害に遭いやすくなったり、病気にかかりやすくなったり、実の数が少ない、充実しない、おいしくならない、といったことが起こります。

しかし逆に、チッソが少なく、炭水化物ばかり多ければ、植物は十分に生長できず、収穫量も上がりません。生長に必要なチッソが足りず、子供（実）にばかり炭水化物を回してあげていたらどうなるか？ 力尽きて枯れてしまいます。

チッソが多すぎれば、病害虫にやられやすくなる、おいしい実がつきにくくなる、と、悪くいわれることが多いですが、それはあくまで過剰な場合。チッソは植物の生長に不可欠な養分であり、なければ生育を維持することができません。チッソと炭水化物は、常に釣り合っている必要があるのです。

とくに、長期にわたって実をつけるナスやトマト、キュウリといった果菜類では、チッソと炭水化物のバランスがとても重要です。

4章 野菜のタイプ別育て方

野菜を7つのタイプに分類し、タイプごとの
栽培のポイントを紹介します。

1 野菜のライフステージと7つのタイプ

野菜の生育を人の一生にたとえてみると、生育のどんな段階で収穫するかがわかり、いつ、どのぐらいの肥料を与える必要があるか、わかりやすくなります。

野菜のライフステージは、大きく分けて下記の5段階に分けられます（カッコ内は人の成長ステージ）。

1 タネから芽が出る（生まれる）
2 苗が大きく育ちはじめる（小学生から中学生）
3 葉や茎が次々と伸びカラダが大きくなる
（高校生から成人）
4 花が咲いて実が成る（子供が生まれる）
5 枯れる（一生を終える）

上記のステージのどの段階で収穫するのかによって、野菜を7つのタイプに分類できます。

1は、芽が出てまもない段階で収穫する、モヤシやカイワレダイコンといった**スプラウト野菜**。

2～3の生長段階で収穫するのが、ホウレンソウやシュンギク、コマツナといった**葉菜タイプ**。

3と4の間、大人になり、子供ができるまでの途中で、養分を貯蔵するために特定の部位を肥大させるのが、ダイコンやニンジンなどの**根菜タイプ**と、キャベツ、ハクサイ、レタスなどの**結球野菜**（本書では**外葉タイプ**に分類）、ジャガイモなどの**イモ類タイプ**です。

4は蕾と実で2つに分かれます。花が咲く前、蕾の段階で収穫するのがブロッコリーやカリフラワー（**外葉タイプ**）。実を収穫するのがキュウリ、トマト、ナス、イチゴなどの**果菜タイプ**と、エダマメ、エンドウなどの**マメ類タイプ**です。生育の後半で収穫するタイプほど栽培期間も長く、与える肥料の量も多くなります。

野菜のライフステージと肥料養分の推移

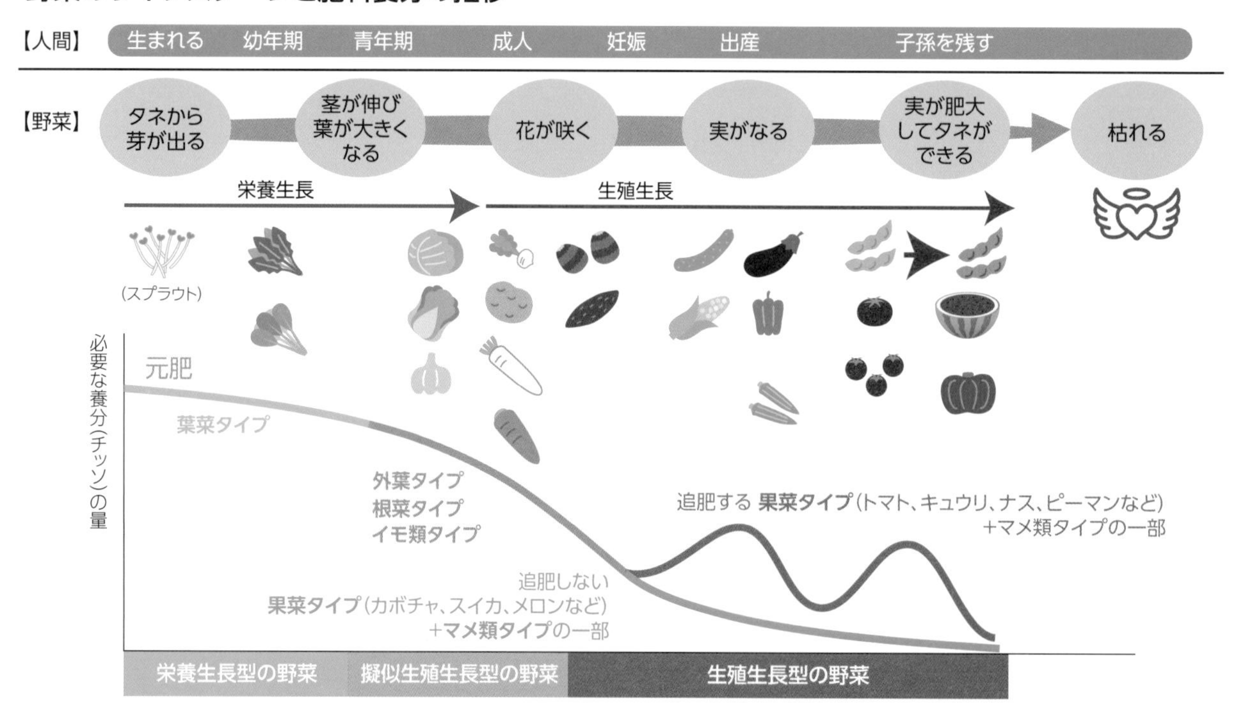

2 3つの生育特性 「栄養生長型」、「擬似生殖生長型」、「生殖生長型」

野菜のライフステージで見たとき、野菜の育ち方は3つに分かれます。

栄養生長型【葉菜タイプ】

ホウレンソウ、シュンギク、コマツナなどの葉菜タイプが「栄養生長型」です。

栄養生長とは、茎や葉を伸ばしてカラダを大きくする生長の段階。炭水化物はおもに細胞と、カラダを守るセンイつくりに使われ、生長の途中で収穫をします。

このタイプは、生き生きとした緑の葉を収穫するため、栄養生長が盛んなとき、元肥がまだしっかり残っている段階で収穫します。次の栽培では、土に残された肥料分を考慮して肥料を与える必要があります。

擬似生殖生長型【外葉タイプ、根菜タイプ、イモ類タイプ】

葉菜タイプよりも生育が進み、炭水化物を特定の部位に蓄えるのが「擬似生殖生長型」の野菜です。

ハクサイ、キャベツ、タマネギなどの「外葉タイプ」ニンジン、ダイコンなどの「根菜タイプ」。ジャガイモ、サツマイモなどの「イモ類タイプ」の3タイプがここにあてはまります。

擬似生殖生長型の野菜は、栄養生長が進み、チッソ肥効が落ちて生育がゆっくりになると、根や茎、結球部など、ある特定の部位に炭水化物を貯めるようになります。花を咲かせ実をならせる「生殖生長」とは違い、養分を根や葉や茎などに貯めたものを収穫するた

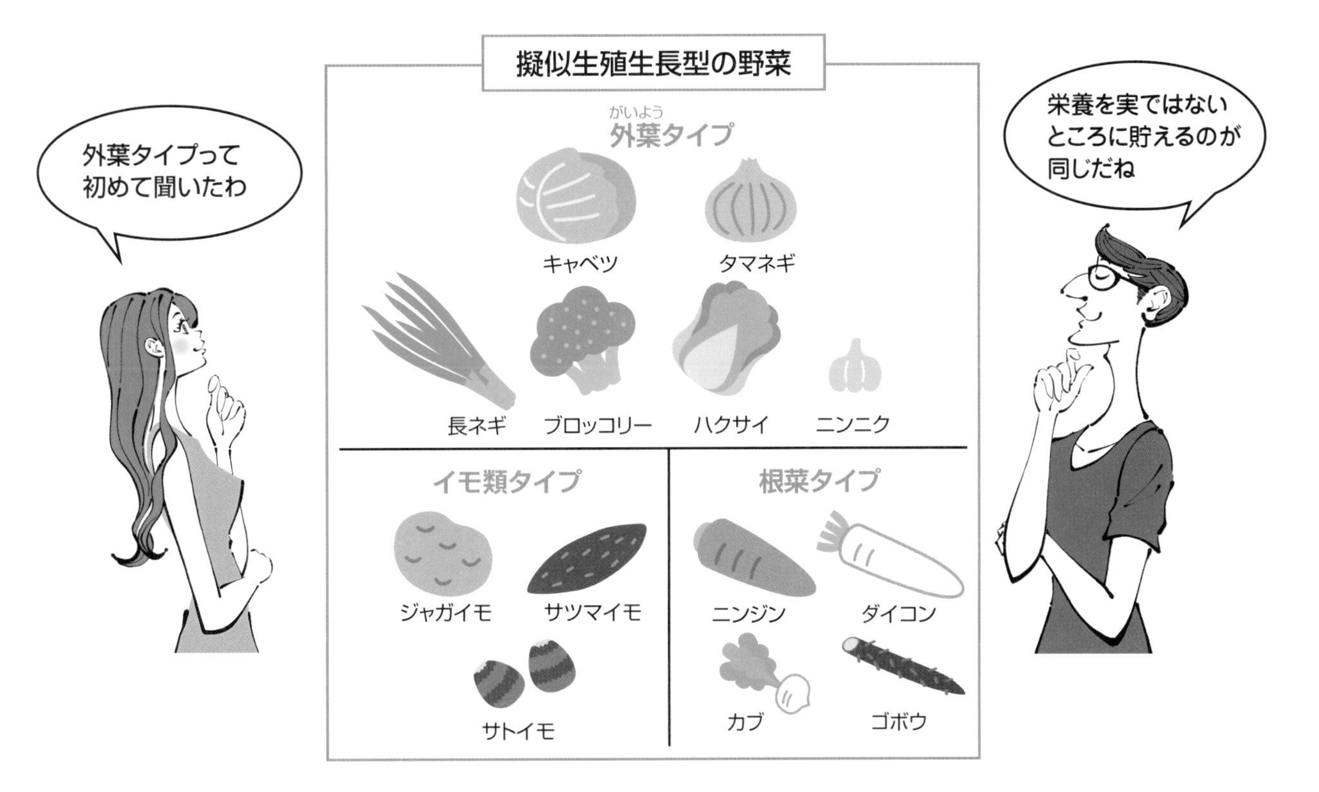

め､「擬似生殖」という呼び方をします。栄養生長型よりも栽培期間は長くなりますが、BLOFでは基本追肥は行わず、元肥だけで育てます。

生殖生長型【果菜タイプ､マメ類タイプ】

栄養生長でカラダを大きくし､炭水化物を花や実(子孫) に貯めたものを収穫するのが「生殖生長型」の野菜です。

トマト、ナス、キュウリ、オクラといった長期収穫型の果菜タイプは、栄養生長と生殖生長を並行して行っていく野菜です。栽培期間も長く、そのぶん肥料も多く必要になります。このタイプでは、実に養分を貯めながらも、カラダを維持する必要があるため、何度か追肥が必要になります。

スイカ、カボチャ、エダマメといった、一度に収穫して終わりの野菜では、栄養生長と生殖生長の時期が比較的はっきりと分かれます。栄養生長期にはどんどんカラダを大きくしますが、生殖生長期に入ると、炭水化物を実に貯めていく方向に切り替わっていきます。こういった野菜では追肥は少なめか行いません。

生殖生長に切り替わる条件は体内のチッソが減り､炭水化物が増えること

植物は全般に、カラダにチッソが多いと栄養生長を続け、チッソがなくなってくると、光合成でつくられた炭水化物を生殖生長に使うようになるという性質があります。

まずカラダつくりをして葉を大きくし、光合成で十分な炭水化物をつくれるようになってから、子孫を残すために花を咲かせ、実をつくるようになります。

こうして見ると、植物の生長過程とは、カラダの中のチッソをだんだん減らし、炭水化物をだんだん増やしていく過程と考えることができます。

BLOFでは追肥が少なくなる

BLOFの栽培では元肥だけで育てる野菜が圧倒的に多くなります。「栄養生長型」や「擬似生殖生長型」の野菜は、BLOFでは基本追肥を行いません。

最初の土つくりをしっかり行い、速効性の肥料と遅効性の肥料・堆肥を併わせて使うことで、多くの野菜つくりの本で追肥のタイミングと書かれている場面で追肥が必要なくなります。

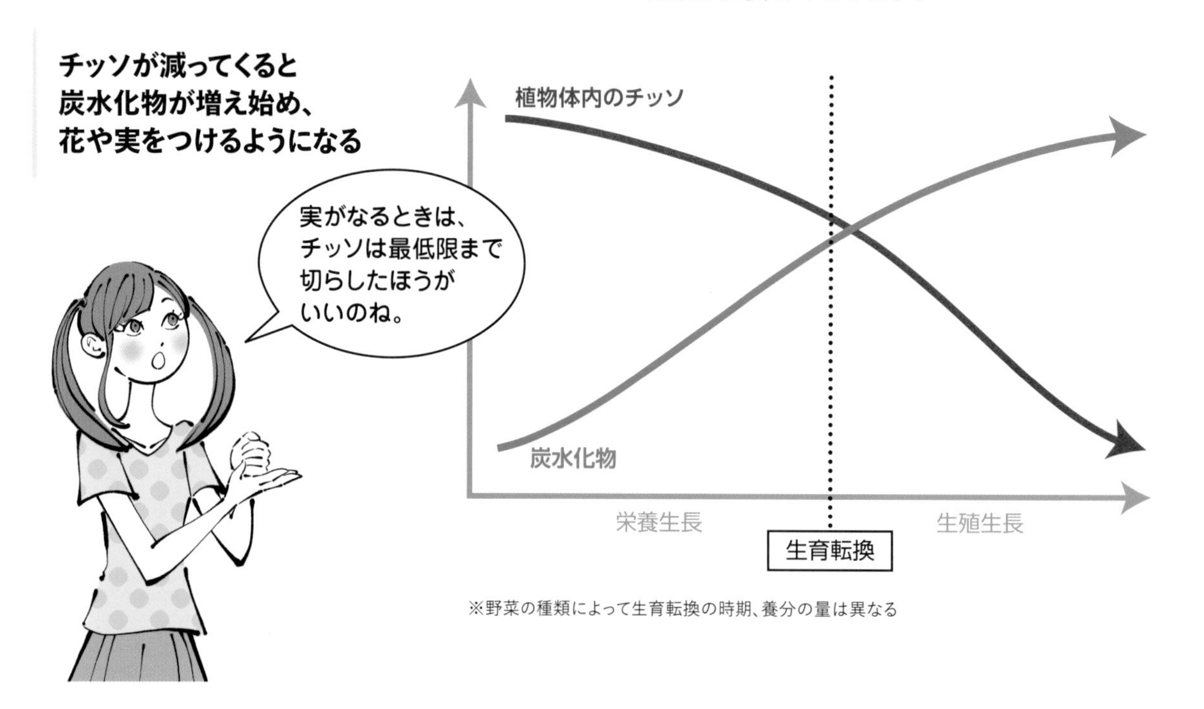

※野菜の種類によって生育転換の時期、養分の量は異なる

3 タイプごとの野菜の育て方

葉菜タイプ　ホウレンソウ、コマツナ、シュンギクなど

◎アミノ酸肥料で葉を大きく

ホウレンソウ、コマツナ、シュンギクなどの葉菜類は、植物のライフステージの初期に収穫します。栽培期間が短いのが特徴で、初心者でも栽培は難しくありません。

初期から葉をどんどん出させるように、元肥としてチッソの多いアミノ酸肥料を施して一気に育てます。

ホウレンソウ

◎ミネラル優先で甘みのある味に

ミネラルをよく効かせると、ビタミン類が多く栄養たっぷりで、病害虫に強い野菜が育ちます。生育期間が短いため、まだ芽の小さい最初のうちからしっかりミネラルが効くよう、元肥には水溶性のミネラル肥料を使います。

葉は光合成を行う「工場」なので、マグネシウムはもちろん、鉄、マンガン、ホウ素、銅が重要です。鉄は根の呼吸の活力の源なのでとくに大事です。

葉菜タイプは一気に生育させたいため、初期から根の活力を高めて、養水分の吸収をスタートから最後までよくする必要があります。とくに、直根タイプのホウレンソウなどは、短い栽培期間ながら、よく育つと、1mも直根が伸びます。鉄が効いて根がよく張ったホウレンソウは側根も増えて、ミネラルの吸収力もよく、おいしく育ちます。

ホウ素が不足すると、細胞が弱くなり、収穫後、日持ちの悪い（腐りやすい）野菜になります。マンガンも銅も、光合成に欠かせないミネラルです。

リーフレタス

作付け前に太陽熱養生処理を行うなどして、ミネラル肥料がよく効くようにしておくと、チッソよりミネラルが優先して効き、光合成が盛んになり、炭水化物が豊富になって、甘みのある野菜が収穫できます。

外葉タイプ キャベツ、ハクサイ、レタス、ブロッコリー、カリフラワー、タマネギ、ニンニクなど

◎初期葉を早く大きく育てる

外葉タイプには、キャベツ、ハクサイ、レタスなどの結球野菜、ブロッコリー、カリフラワーなどの花蕾を食べる野菜、タマネギ、ニンニクなど肥大した鱗茎部を食べる野菜が含まれます。

初期には外葉を大きくし、次いで収穫部を肥大させていくという二段階の生長をするのが特徴です。初期に展開した葉の生育がよいほど、結球部や花蕾が大きく肥大します。

収穫部が大きくなり始めるのは、チッソ肥効が切れ始める時期で、いつまでもダラダラとチッソが効いていると、結球が始まらないので注意が必要です。

◎チッソは前半に効かせ、後半で切れるように

外葉タイプの元肥で大切なのは、最初にアミノ酸肥料などの速効性肥料を多めに入れてチッソをしっかり効かせ、初期葉を大きくすること。

大きな葉で株を充実させ、土壌中の養分を吸収させ、結球部や花蕾部の肥大が始まる頃には、徐々にチッソが切れていくようにします。

収穫部が肥大する時期も、カラダを維持するための最低限のチッソは必要ですが、同時に、その時期に光合成がよくできるように、ミネラルを不足させないことが大切です。

外葉タイプは基本、BLOFの有機栽培では追肥は行いませんが、保肥力の低い砂地などの場合は、生育の様子を見ながら追肥を行います。

太陽熱養生処理がとくにおすすめ

外葉タイプは葉菜タイプと同じで水はけがよいことが条件の一つですが、葉菜タイプより栽培期間が長く、次第に土が硬くなり、水はけが悪くなりがちで、注意が必要です。そうなると野菜が十分に養水分を吸収できなくなり、病害虫も招いてしまうことになります。

ハクサイ

外葉タイプは秋まきの野菜が多いので、夏のうちに太陽熱養生処理を行って、団粒構造をつくっておくのが効果的です。土を深くまでふかふかにするのはもちろん、病害虫を抑制し、根からも水溶性炭水化物が吸収されて十分な炭水化物が蓄えられ、虫食いも少なく丈夫に育ちます。

◎カルシウムを効かせて害虫を防ぐ

初期葉を大きく充実したものにするには、水溶性のミネラル肥料を与えて、初期からしっかりミネラルを吸収させる必要があります。

また栽培期間中、常にチッソよりミネラルが優先して効くことが大切です。これにより、センイがしっかりとつくられ、腐れや病気なども回避されます。

とくにカルシウムについては、不足すると細胞膜や細胞壁が弱くなり、ハクサイやキャベツの芯が腐って悪臭を放ったり、害虫もつきやすくなります。生育初期の夏はとくに生育が軟弱になりやすいので、元肥のカルシウムを多めに施肥するとカラダが丈夫になり、土壌病害も抑えることができます。

また、マンガンが不足すると、外葉ができる少し前から葉脈の間の色が薄くなり、まだらになります。色が薄い部分は光合成が十分に行われず、葉も薄くなり、カビが原因の病気が増えます。微量要素も忘れずに与えておきましょう。

根菜タイプ　ダイコン、カブ、ニンジン、ゴボウなど

◎太陽熱養生処理で土壌病害虫を抑制

根菜タイプの野菜は、タネから出た直根を土の中で太らせていきます。スムーズに根が伸びるためには団粒構造の発達したふかふかの土がまず重要です。さらに、根を食べる野菜だからこそ、根が病害虫に侵されないような土つくりが、他の野菜以上に大切です。

秋のタネまきが中心になるダイコン、カブなどの根菜タイプは夏が準備スタート。太陽熱養生処理をするには最高のタイミングです。

透明マルチの中の温度は50 ～ 60℃以上にもなり、土中の病原菌、害虫や害虫の卵、雑草のタネの多くを死滅させることができるため、その後の野菜の生育が格段によくなります。放線菌やバチルス菌（納豆菌）の増殖した中熟堆肥を利用することが成功のポイントになります。

◎後半にチッソが切れるように

生育期間が長いゴボウを除き、根菜類は追肥なしで育てるのが基本です。

根菜タイプは、チッソ肥料が切れて葉の生長がゆっくりになってくると、根の肥大が本格的に始まります。この時期に必要以上にチッソが残っていると、カラダを大きくすることに炭水化物が使われてしまい、根が十分に太れません。ダイコンやカブでは、先端がとがったり、スが入ったりします。

生育初期に葉の枚数を早く、多く確保するためは、元肥でアミノ酸肥料と堆肥の水溶性炭水化物をしっかり効かせます。さらに、チッソ優先にならないように、元肥では水溶性のミネラルを効かせます。

初期のミネラル不足で光合成能力が発揮できず、養分吸収力も低い場合は、元肥として与えたチッソが根の肥大期にも過剰に残ってしまう場合があるので注意が必要です。

ニンジン（右）と
パースニップ（左）

カブ

◎ミネラルはカルシウムとホウ素の不足に注意

根菜類では、とくにカルシウムが不足すると、根の表皮が柔らかくなり、土壌病害虫の被害を受けやすくなります。カリは「根肥」とも呼ばれ、根にとって重要なミネラルですが、多すぎると裂根になることがあります。カリは水を運ぶ性質を持っていますが、効きすぎれば、根が肥大し、縦に裂けてしまうのです。

根菜タイプにとって、微量要素の中でもとくに重要なのがホウ素です。欠乏すると根の生長阻害が起きたり、スが入ったり、土壌病害虫が侵入しやすくなります。根の呼吸に関わる鉄、光合成に関わるマンガン、銅も、不足による生育力低下に陥らないよう注意が必要です。

イモ類タイプ　ジャガイモ・サツマイモ・サトイモ・ナガイモなど

ジャガイモ

◎地上の生育が止まってくるとイモが大きくなる

イモ類タイプは、種イモやつるなどを植えて栽培するのが一般的です。種イモには多くのタンパク質や糖、ミネラルなどが含まれ、最初はその養分を使って生長します。種イモの養分がなくなってくると根を伸ばし、茎や葉を繁らせます。

地上の生育がある程度止まってくると、光合成でつくられた炭水化物を地中のイモに貯め込むようになり、本格的に大きくなってくる性質があります。

◎チッソは前半だけ効かせる

葉が大きく生長してから肥大を始めるイモ類タイプは、初期の肥効を高めて、大柄で厚みのある葉をスムーズに展開させることが大切です。イモの肥大が始まる頃には、チッソは地上部を維持できる程度まで切らせるようにします。チッソがいつまでも効き続けると、イモが大きくならず、葉ばかりが生長を続ける「つるボケ」が起こります。

そのためイモ類タイプでは、ナガイモ、ジネンジョなどのヤマノイモ科を除いて、基本追肥はしません。ただし、砂質土などで、肥料が流れやすい土壌では、生育状況に応じて追肥を行うこともあります。

◎肥料は深いところに与えたほうがいい?

イモ類は深いところにイモができるから、チッソ肥料も深いところに与えたほうがいいのでは、と考える人もいますが、これはよくある思い違いです。

じつは、イモが肥料を吸収する根は、イモの位置より上にあります。肥料は深さ20cm程度のところまでに与えれば十分なのです。吸収根のない深いところに肥料を与えても吸うことができず、イモが太ることができません。

また、イモが肥大する場所にチッソ肥料を与えると、イモの皮が傷み、病気になったり腐りが出るということにつながります。

◎太陽熱養生処理で土壌病害虫対策を

土の中で育つイモ類は、根菜と同様に土壌の影響を大きく受けます。イモに害を与える土壌病害虫も多く、これらを抑える土つくりが重要です。

そのためには、納豆菌や放線菌が増殖した中熟堆肥を使用した太陽熱養生処理が効果的です。ただし、ジャガイモでは、放線菌の一種が原因の「そうか病」が問題となるため、pH6.0以上の畑では、放線菌を含む堆肥は与えないほうが無難です。

◎ミネラル肥料で光合成を活発に

イモ類タイプが肥大して蓄えるのは、光合成でつくられる炭水化物そのものです。そのため、他の野菜タイプ以上に、光合成をよく行わせる必要があり、マグネシウム（苦土）、鉄、マンガン、銅などがより重要になります。

イモ類タイプは、外葉タイプよりさらに栽培期間が長くなります。速効性（水溶性）のミネラルと長く効くミネラルを組み合わせます。また、栽培期間の長いジネンジョ、ナガイモ、サトイモなどは、光合成力を最後まで最大限発揮させるために、カリ、マグネシウム、カルシウム、微量要素の追肥が有効です。

果菜タイプ　トマト・ナス・ピーマン・パプリカ・キュウリ・カボチャ・ズッキーニ、オクラ、イチゴなど

トマト

「ブルーマグ」(ジャパンバイオファーム)。ク溶性マグネシウム40%(うち水溶性マグネシウム8%)。長期間効くので、栽培期間の長い果菜タイプに最適

◎栄養生長と生殖生長を同時に続けていく

果菜タイプの野菜は、栄養生長と生殖生長を同時に行っていきます。光合成で炭水化物をつくって実を充実させながら、カラダを維持する程度のチッソが必要で、追肥を行います。

ミネラルが常にチッソよりも優先して効くように、追肥では、不足したミネラルをまず与え、その上でチッソを与えます。

チッソが優先すると軟弱な生育になり、とくに果菜類では病害虫に悩まされることが多くなります。

◎ふかふかの土を長期間ずっと維持する

長い期間よい実をたくさんとり続けるためには、根が呼吸できる「団粒構造」を持った土を維持することが大切です。しかし、時間がたてばたつほど、次第に土は硬くなっていきます。

団粒構造を維持するためには、最初にC/N比の高い良質な中熟堆肥を入れ、太陽熱養生処理を行い、栽培期間中も中熟堆肥を追肥することが効果的です。

また、病害虫の被害に遭いやすい果菜類では、その対策の意味でも太陽熱養生処理が非常に効果的です。納豆菌や放線菌といった有用な微生物を増やし、土壌病害虫を抑制することができます。

◎長く効くミネラル肥料を選ぶ

ミネラル肥料も切れないようにして、野菜が常に光合成を十分に行えるようにする必要があります。マグネシウム資材は、BLOF資材の「ブルーマグ」がおすすめ。すぐ効く水溶性の硫酸マグネシウム、じわじわ効くク溶性(根から出る根酸や土壌の有機酸で溶ける)の水酸化マグネシウムを組み合わせた資材なので、最初から後半まで途切れず効きます。

トマトの尻腐れのようなカルシウム欠乏は、いきなりあらわれます。症状が出てから追肥で改善することは難しいので、カルシウムの元肥は初期肥効と長期肥効を兼ねる資材が必要です。BLOF資材の「ナチュラル・カルシウム」は、粉と粒が混ざっており、初期肥効、長期肥効どちらも期待できます。粒はすぐに溶けないので、必要量の40%増し程度を一度に与えても、過剰症が出る心配はありません。

亜鉛、銅などの微量要素も重要です。「クワトロネオ」でまかなえますが、追肥も行います。

◎チッソの追肥は炭水化物の多いアミノ酸肥料を

果菜類の追肥は、花をつける「生殖生長」に入ってから行います。追肥には、チッソ成分が低く、炭水化物を多く持ったアミノ酸肥料を使います。この時期にチッソばかり与えると、カラダを大きくする栄養生長が続いてしまい、光合成で作られる炭水化物を実の充実に向けることができないからです(つるボケ)。炭水化物を含んだアミノ酸肥料なら、チッソを効かせながらも体内のC/N比を下げないので、生殖生長と栄養生長のバランスをとることができるのです。

マメ類タイプ　エダマメ・ラッカセイ・ソラマメ・スナップエンドウ・インゲンなど

◎一度に収穫するマメ、連続収穫するマメ

マメ類タイプの発芽はそれほど難しくなく、畑に直まきでも問題なく育てられます。生育の前半は、葉を伸ばしながら、光合成が十分に行えるカラダつくりをします。そして、光合成による炭水化物が余るようになると、花をつけ、サヤ、マメが肥大します。

マメ類タイプには、エダマメのように一度に収穫してしまうものもと、インゲンやエンドウのように、連続収穫していくものがあります。

初期の生育をよくして葉を伸ばしていくことが大切ですが、一度に収穫するタイプはいつまでもチッソ肥料が効いていると、つるボケ（木ボケ）になり、マメのつきが悪くなったり、実も太らないということが起こります。追肥はしません。

連続収穫するインゲンやエンドウは、栄養生長と生殖生長を並行して行いながら、生育を続けていきます。このタイプでは、必要とする養分も多く、追肥が必要になります。

スナップエンドウ

エダマメの根粒菌

◎早いカラダつくりで多収穫を目指す

初期のスタートをよくし、早くカラダを大きくして、実をつけ始める時期にはチッソ肥効を減少させるのがマメ類タイプを成功させるポイントです。

そのような生育になれば、株は大きくなくとも低い位置から花を咲かせられるようになり、サヤの数も多く、実も充実して収穫量が多くなります。

◎生育後半は「根粒菌」がチッソを供給してくれる

根粒菌はマメ科の根に寄生する菌で、見た目は丸い粒状です。根粒菌は空気中のチッソを固定して、根が吸収できる形にしてくれるかわりに、植物からは光合成でつくられた炭水化物をもらっています。異なる生物同士が、互いに利益を得られる共生関係をつくっているのです。

このため、マメ科の植物は肥料の少ない環境でも育つことができ、チッソは元肥も追肥もあまり必要としません。根粒菌はチッソ肥料が切れてくると根につき始め、根にチッソを供給してくれます。

逆に、土にチッソ分が多すぎると根粒菌がつかなくなり、かえってマメ類では生育が悪くなります。また、pHが低いと根粒菌がつきにくくなります。

その他の野菜・ハーブ類 トウモロコシ、アスパラガス、ハーブ類

BLOF理論の6タイプに分類されないものです。
本書では、トウモロコシやアスパラガス、ハーブ類などを、その他の野菜として扱います。

トウモロコシ

タイプ別に重要なミネラル

どんなタイプの野菜にも、ミネラルはすべて重要な役割を果たしますが、タイプ別に大切なミネラルが変わってきます。

栽培期間が長くなるほど、関係するミネラルは増えます。また、生育後半で要素欠乏が出やすくなります。とくにカルシウム欠乏とマグネシウム欠乏は大きな問題になりやすいので、長く効くタイプの肥料を使ったり、追肥で補うようにします。

生殖生長型の野菜は、実をつくり子孫を残します。命に関わるすべてのミネラルが重要で、元肥だけでは足りず、ミネラルの追肥を行う場合があります。

タイプごとに大切なミネラル

型	栄養生長型	疑似生殖生長型	生殖生長型
タイプ	葉菜タイプ	外葉タイプ、根菜タイプ、イモ類タイプ	果菜タイプ、マメ類タイプ
重要なミネラル	カリウム(K) カルシウム(Ca) マグネシウム(Mg) ホウ素(B) 鉄(Fe) マンガン(Mn) 銅(Cu)	カリウム(K) カルシウム(Ca) マグネシウム(Mg) ホウ素(B) 鉄(Fe) マンガン(Mn)	リン(P) カリウム(K) カルシウム(Ca) マグネシウム(Mg) 硫黄(S) ホウ素(B) 鉄(Fe) マンガン(Mn) 亜鉛(Zn) 銅(Cu) ケイ素(Si)
ポイント	水溶性ミネラル肥料を初期から効かせて一気に育てる。光合成系ミネラルが不足しないように	マグネシウム、カルシウム、鉄、マンガン欠乏が起きやすい。長く効くミネラル肥料を使う	各種欠乏症起きやすい。長く効くミネラル肥料を選ぶ。ミネラル肥料の追肥も必須

4 肥料設計のポイント

チッソ分は、アミノ酸肥料とN型堆肥でまかなう

堆肥やアミノ酸肥料にはさまざまな種類があり、肥料成分も効き方もさまざまです。本書では、だれでも肥料計算がしやすいように、N型堆肥（37ページ）と抽出型の速効性アミノ酸肥料（33ページ）を使うことを前提に、肥料の設計について説明します。

BLOF理論で有機栽培を成功させるポイントの1つが、N型堆肥とアミノ酸肥料の割合です。N型堆肥から供給されるチッソは長く効く遅効性のチッソ、アミノ酸肥料（抽出型）のチッソは早く効く速効性のあるチッソです。これを、野菜の種類によって、どんな割合で与えるかが非常に重要になります。

早効きと遅効きをバランスよく与える理由は、BLOFの有機栽培は生育が非常によくなるため、養分の吸収量が通常よりもはるかに増えることがあげられます。

土がどのくらいできているか、根がどのくらい広く深く張れているかによりますが、速効性のチッソだけでは思いのほか早く切れてしまうことがあります。

チッソが切れると、キュウリがいきなり曲がったり、トマトの花の大きさがばらつくようになります。こうなってからあわててアミノ酸肥料を追肥したのでは間に合いません。長く効く肥効を持った堆肥を組み合わせて、チッソ肥効を安定させる必要があります。

栽培期間の短い、葉菜タイプのような野菜では、元肥として入れるチッソのうち、アミノ酸肥料の割合を高くします。反対に、果菜タイプのように、栄養生長と生殖生長を長い期間続ける野菜では、長く効く堆肥のチッソの割合を高めます（野菜別の具体的な設計は、5章の肥料レシピを参照）。

必要な成分量から、肥料の量を求めるには？

肥料袋には、チッソ・リン酸・カリの比率が「7:4:2」

アミノ酸肥料とN型堆肥を組み合わせることで、チッソが途切れずに効く

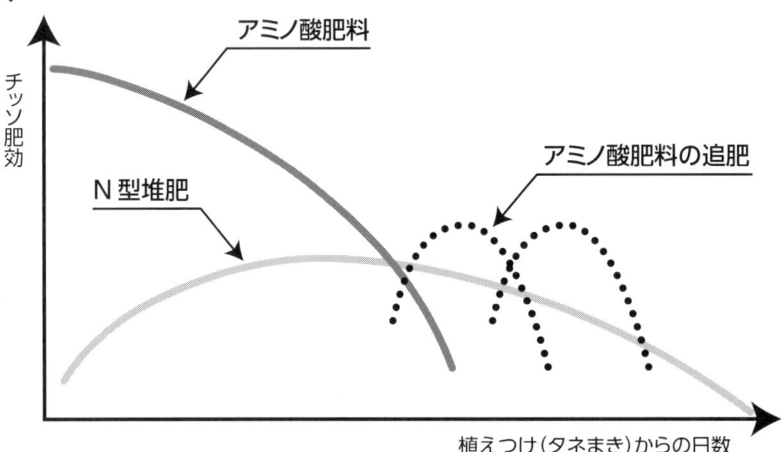

グラフの線は、アミノ酸肥料とN型堆肥のチッソ肥効の出方のイメージ。アミノ酸肥料は早く効くが、効きめが落ちるのも早い。堆肥はゆっくり肥効があらわれ、じわじわ効き続ける。2つを組み合わせることで安定した肥効が期待できる

などと書いてあります。「7:4:2」とは、その肥料の全体の量のうち、7%のチッソ、4%のリン酸、2%のカリが入っているということです。

ナスの例で肥料設計を見てみましょう。

（BLOFで推奨するナスのチッソ量と割合）
【元肥チッソ総量　18～25g　（1m²あたり）】
【堆肥6割：アミノ酸肥料4割】

必要なチッソの上限値25gを入れるには、それぞれ右上のようなチッソ量の割合になります。

堆肥のチッソ定数

C/N比	利用率(%)	チッソ定数	
		夏	冬
5	100	1.00	
6	100	1.00	
7	100	1.00	
8	100	1.00	
9	100	1.00	
10	100	1.00	
11	95	0.95	0.57
12	90	0.90	0.54
13	85	0.85	0.51
14	80	0.80	0.48
15	75	0.75	0.45
16	70	0.70	0.42
17	65	0.65	0.39
18	60	0.60	0.36
19	55	0.55	0.33
20	50	0.50	0.30
21	45	0.45	0.27
22	40	0.40	0.24
23	35	0.35	0.21
24	30	0.30	0.18
25	25	0.25	0.15

※26以上はC/N比が高すぎる
※春や秋に施用する場合は、夏と冬の中間値で概算する

堆肥6割：アミノ酸肥料4割なので
堆肥から25×0.6＝15g、
アミノ酸肥料から25×0.4＝10g

実際にこのチッソを堆肥やアミノ酸肥料で入れるには、下記のように計算します。

- **堆肥（チッソ率2%の場合）でチッソ15g**
  15g÷0.02＝750g
- **アミノ酸肥料（チッソ率7%の場合）でチッソ10g**
  10÷0.07=143g

堆肥のチッソはすべて効くわけではない「チッソ定数」を計算する

しかし、ここで注意点があります。アミノ酸肥料は上記の計算どおりでいいのですが、長く効くN型堆肥のチッソは、含まれているチッソ分がすべて効くわけではありません。

理由はC/N比が高いと、そのままではチッソ分を根が吸収できないからです。根が養分を吸収できる程度に微生物に分解してもらう必要があり、その際には、いくらかのチッソが使われます。このため、堆肥に含まれるチッソは、「利用率」と「チッソ定数」を踏まえて計算することになります。

左の表のとおり、C/N比10までなら、含まれるチ

ッソは100％利用できます。しかしC/N比11以上になると、堆肥のチッソ率と利用率とチッソ定数を掛け算したものが実際に利用できる量になります。堆肥の袋に記載されたチッソ率より、少し割り引いて計算してあげる必要があるのです。しかも、季節によってチッソ定数は変わります。夏はチッソ定数が高いのですが、寒い冬の時期は大きく低下します。

堆肥中の利用できるチッソ量の求め方

堆肥でまかないたいチッソ量
＝堆肥のチッソ率×利用率×チッソ定数

たとえばC/N比11の堆肥の場合、夏なら利用率95％、さらにチッソ定数0.95を掛け算すると、利用できるチッソは90.25％になります。冬になるとチッソ定数は大きく下がります。堆肥を畑に入れるのは春、秋の初めが多いため、C/N比11の堆肥であれば、利用率とチッソ定数を掛け合わせた値は75％程度と考えておくとよいでしょう。

この補正した値をもとに、もう一度ナスの例を見てみます。

堆肥（チッソ率2％の場合）でチッソ15gをまかなう
※チッソの利用率は75％
【15g÷（2％×75％）＝1,000g】
アミノ酸肥料（チッソ率7％の場合）でチッソ10g　→
【10÷7％＝143g】

利用率とチッソ定数で掛け算すると、堆肥は表記の％より多く入れなければならないことがわかります。なお、チッソ定数は土壌の水分状態や土質、気候によっても変動します。

なお、本書の5章に、BLOF資材を使用した場合の野菜別施肥量の目安を記載しています。計算が面倒な場合はそちらを参照してください。ただし、注意してもらいたいのは、数字はあくまで目安である点です。できれば土壌分析を行って、その土に足りない成分を入れることがのぞましいです。

プランターで、ほぼ無肥料の培土を購入して栽培する場合なら、表の数量どおり肥料を入れて問題ありません。そういう意味では、土地土地で性質の異なる畑よりも、プランターなら狙って肥料を入れやすい、コントロールしやすいといえます。

BLOF栽培では子葉（双葉）が長く残る

多くの野菜では、小さな芽が出るとまず子葉（双葉）になり、その後本葉が生長します。子葉は、タネに蓄えられていたエネルギーから生まれ、その後は光合成することで本葉を大きく展開していきます。

子葉は、生育初期の重要な役目を果たしていて、子葉がしっかりしていなければ、作物は生長のよいスタートを切ることができません。

子葉は人間でいうと母乳のような役割を持っていて、その栄養を茎や本葉に送ると同時に、自らも光合成を行ってカラダを大きくしていきます。

よい子葉が、よい株の土台となります。本葉5枚くらいまでは子葉が生育に大きく影響します。子葉が健康であることは、その後の生長、実のつき方にも大きく影響します。

BLOFで栽培を始めて気づくことは、子葉がずいぶん遅くまで残っていることです。これは、アミノ酸肥料、水溶性炭水化物を与えることで、圧倒的に初期生育がよくなるためで、子葉の養分が使われずに残ることで起きます。

子葉が長くついていることが、栄養が十分である証拠、目安になるともいえます。9ページで紹介した通常の何倍も実をつけるトマトなどのすごい野菜は、なにより子葉が元気であること、初期の生育のよさから生まれます。

【豆知識】
子葉の数は2枚のものだけではありません。ニンニク、トウモロコシなど、最初の葉が1枚だけのものを「単子葉植物」といいます。

収穫直前まで子葉が残り虫害もないコマツナ（高橋夕希撮影）

各野菜の BLOF栽培レシピ

野菜ごとのBLOF流の栽培のポイントと
肥料のレシピを解説します。

元肥・追肥の設計と与え方

栽培を始める前に

①必要な肥料と堆肥をそろえる

まずは、BLOF理論に基づいた栽培に必要な「アミノ酸肥料」「中熟堆肥」「ミネラル肥料」を入手しましょう。この章では、BLOF理論の各種肥料（ジャパンバイオファーム製造販売）の使用量を、野菜ごとに紹介していますが、自分でつくったボカシ肥や堆肥などを利用しても構いません。

②pHチェックや土壌診断を行う

なるべく作付け前に土壌診断を行います。最低でもpHチェックは必要です。pHが極端に低い場合は、カルシウムやマグネシウムなどのアルカリ資材でpH矯正を行います。

でも本当に大切なのは、何が原因でpHが適正でないのかを知ることです。カルシウムは十分にあるのに、その他のミネラルが不足してpHが低い場合や、逆に、カルシウムは足らず、マグネシウムやカリが多すぎてpHが高いこともあります。正確な理由を土壌診断で確かめた上で、適切に肥料を入れて化学性を整えることが重要です。

土壌の状態は栽培によって変化していくので、できれば年に一度は土壌診断を行い、土の化学性を把握しておきましょう。なお、本書で紹介している元肥量は、

BLOF栽培に使う基本資材

※各種BLOF資材はインターネット通販で購入できます（143ページ参照）。

ナチュラル・アミノ742

非常に速効性の高い抽出型のアミノ酸肥料。チッソ7%、リン酸4%、カリ2%。大豆粕主体の粒状肥料なのでニオイも少ない（78ページ以降の表では「アミノ742」）

ナチュラル・ソイルメイク23

植物性原料を使用した、C/N比の高いC型の中熟堆肥。肥料成分は0.9%、リン酸0.5%未満、カリ0.5%未満、C/N比23。水溶性炭水化物を多く含み、土壌団粒の形成・維持ができる。（表では「ソイルメイク23」）

ナチュラル・ソイルメイク11

牛糞、鶏糞主体で肥料成分を持つN型堆肥。チッソ2.2%、リン酸3%、カリ2.9%、マグネシウム1%、カルシウム3.2%、C/N比11.5。放線菌を豊富に含む。元肥として長期肥効が期待できる（表では「ソイルメイク11」）

ナチュラル・カルシウム

カキガラを焼成した石灰。カルシウム53.56%。大きい粒と小さい粒が混ざっていて、速く長く効く。酸性土壌の中和効果も（表では「カルシウム」）

ナチュラル・マグネシウム

水溶性の硫酸マグネシウムで速効性があり、追肥にも最適。マグネシウム25%。土壌pHを上げないので、pHの高い土壌にも使える（表では「マグネシウム」）

ブルーマグ

水溶性とク溶性資材を組み合わせた天然マグネシウム肥料。ク溶性マグネシウム40%（うち水溶性苦土8%）。速く長く効くので、長期栽培する野菜向き。（表では「ブルーマグ」）

ナチュラル・クワトロネオ

微量要素複合資材。マンガン12%、ホウ素2.4%、鉄10.1%、銅2.5%、亜鉛2.45%。すべて硫酸処理してあるので水溶性で、硫黄も補える（表では「クワトロネオ」）

余分な肥料成分が入っておらず、pH6.0か、それを若干下回る程度の弱酸性の土壌を前提としています。

③肥料の量を計算し、元肥を与える

市販の堆肥や肥料を使って施肥量を計算する場合は、72ページの計算式を使って必要なチッソ量を計算してください。

左のBLOF資材を使う場合は、各野菜を作付けする面積分（ウネの長さ×幅）、元肥を量ってまきます。施用後は、土全体をよく耕します。

④中熟堆肥を与えてから２週間程度たってから植え付けする

中熟堆肥は、土に混ぜ込むと微生物による分解が始まり、納豆菌や放線菌といった堆肥に含まれる善玉微生物が土壌に増えていきます。よい菌たちが増える時間が必要なのです。またその間、土の中が一時的に酸欠状態になり、根に障害を与える可能性があります。元肥（アミノ酸肥料、中熟堆肥、ミネラル肥料）を全量土にすき込んだら、２週間程度あけてからタネをまいたり、苗を植え付けたりしましょう。この２週間（季節によって３～４週間）を利用して、ぜひ太陽熱養生処理（3章）を行ってください。

追肥の与え方

①吸収根の上にまいて、すき込む

株元には肥料を吸収する根毛がありません。追肥は、外側の葉が手を広げている下の地面の毛細根があるあたりに施します（右の図）。

アミノ酸肥料は土の表面に置くとカビが生えることがあるので、追肥したところは、軽く耕してすき込んだり、まわりの土をかぶせるなどして、土になじませておきます。そのほうが効きもよくなります。

②ミネラル→アミノ酸の順で

チッソ優先にならないように、追肥はまずミネラル肥料を先に与えて水やりします。その翌日か翌々日にアミノ酸肥料を与えます。

③長期栽培の野菜は、C型堆肥も追肥

果菜タイプ、マメ類タイプなどの長期収穫する野菜は、追肥の際に中熟堆肥も一緒に与えると、土壌の団粒構造の維持に効果的です。アミノ酸肥料に対して堆肥を１～３割程度混ぜます。追肥に使う堆肥は、炭水化物と納豆菌を豊富に含むC型堆肥（ソイルメイク23など）を使います。

④酵母菌や乳酸菌を一緒にまく

追肥の際に、酵母菌や乳酸菌を一緒に散布するのもおすすめです。野菜のうまみ、糖度をアップさせ、さらに病害虫に強い生育にすることができます。

酵母菌はアミノ酸を合成したり、炭酸ガスを出して土をふかふかにしてくれます。病害菌を抑制する効果もあります。乳酸菌には抗菌作用、殺菌作用があり、とくに土壌水分が多いナスなどの畑では、アミノ酸肥料の腐りを防止する効果があります。乳酸によってミネラルを可溶化してくれるはたらきもあります。

家庭菜園で菌の散布量が少ない場合、1m^{2}あたり5g程度のイーストとカゴメの「ラブレ」20cc程度を、100～200ccの水でよく溶いて、追肥場所に散布する方法が手軽です。酵母菌も乳酸菌も、有機物を酸性側に分解し、水溶性炭水化物を生成するため、悪天候時にも野菜に炭水化物を補給してくれる効果があります。

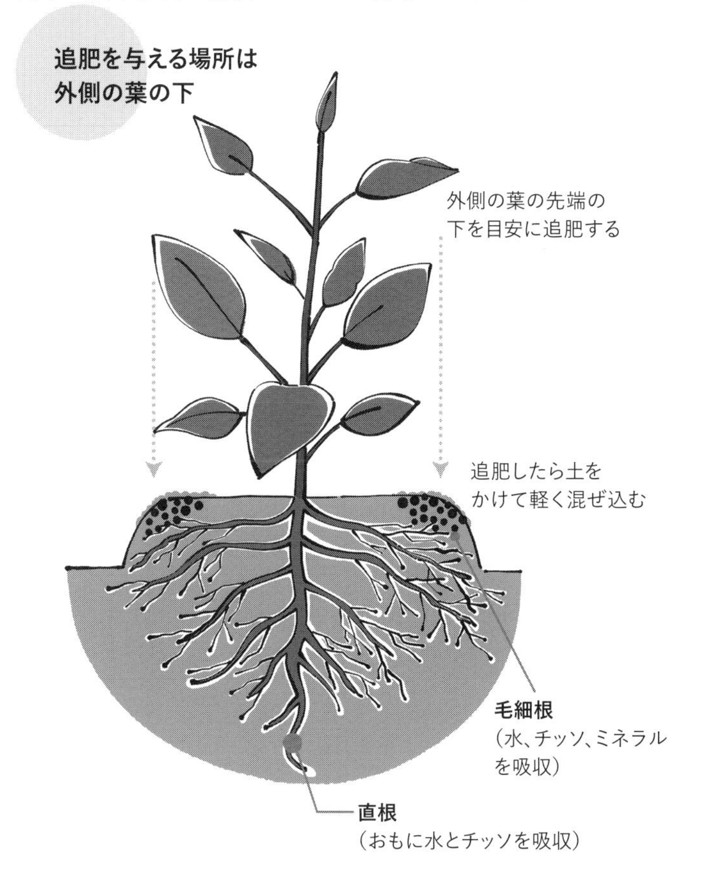

葉菜タイプ

ホウレンソウ

栄養満点な緑黄色野菜の代表

◆基本データ
科名:アカザ科
食用部分:葉・茎
適応土壌pH:6.5〜7.0
発芽適温:15〜20℃
生育適温:15〜20℃
病害虫:アブラムシ、べと病、ヨトウムシなど

《秋まきがつくりやすい》

収穫の目安はタネまきから30〜45日。品種によって栽培適期が多少異なりますが、ホウレンソウは涼しい気候を好み、寒さに当たることでより甘く、おいしくなるため、冬が旬といえるでしょう。

マイナス10℃の寒さに耐える半面、暑さには弱く、気温25℃以上では発芽しにくく、生育不良や病気にもかかりやすくなります。夏の栽培は不向きです。

また、日が長い季節は"トウ立ち"（花芽が伸びること）しやすいため、春の栽培では「トウ立ちが遅い」品種を選びましょう。

ホウレンソウは鮮度が落ちやすいので、収穫したらできるだけすぐに調理するようにしましょう。

《じつは難しい？　土壌酸度に注意》

ホウレンソウをいくらやってもうまくいかないという人がいます。じつはpH6.5〜7.0前後を守らないと、芽が出ない、出ても大きくなれない、葉が黄色くなるなどの症状が出たり、枯れてしまうことがあります。

うまく育たないときは、リトマス試験紙や、土壌酸度測定液でpHを測ってみましょう（32ページ）。酸性土壌の場合は、タネまきの2週間前にカルシウム、マグネシウム資材をまいて土壌酸度を調整します。できれば土壌分析を行い、土に足りない養分を適切に補ってあげましょう。

《栽培のポイント》

タネは殻が硬いので、一晩水につけておくと発芽しやすくなります。直根がまっすぐ深く伸びるため、プランターで栽培する場合は20cm以上の深さのあるものを選びましょう。

元肥で入れるチッソの純粋量（1m²当たり）
10〜15g（推奨割合 堆肥6：アミノ酸肥料4）

BLOF資材の元肥量（1m²当たり）

アミノ742	ソイルメイク23	ソイルメイク11
86g	600g	600g
カルシウム	マグネシウム	クワトロネオ
100g	60g	30g

※ホウレンソウでは追肥は行いません。

タネをまく溝は、深さ1cm、幅3cmほどとし、土で覆ったらでこぼこがないように平らにならして土を押さえます。でこぼこしていると、発芽後の生育が悪くなるので覆土は丁寧に。なお、生育初期に土が過湿になると、根が深く伸びず、生育が悪くなるので、水やりをしすぎないように気を付けます。

ミネラルが豊富に育つと甘みや栄養価が増して、独特のえぐみも抑えられます。また、カラダの組織がしっかりするため、保存する際の持ちもよくなります。上表のレシピを参考に、どのミネラルも不足しないように施しましょう。

《霜に当てるとおいしくなる「寒締めホウレンソウ」》

ホウレンソウやコマツナなど、耐寒性の強い葉菜を、寒さに当てておいしくする方法を「寒締め」といいます。凍らないように糖分をカラダにギュッと凝縮します。通常よりも甘く、ビタミンC、β-カロテン、ビタミンEの含有量が高くなり、えぐみのもととなる硝酸イオンも低下することがわかっています。

肉厚で甘みのある寒締めホウレンソウを育てるには、11月上旬〜中旬にタネまきを行い（中間地）、マルチを張らないで育てます。

スイスチャード（不断草）

暑さにも寒さにも強く、育てやすい

◆**基本データ**
科名：アカザ科
食用部分：葉・茎
適応土壌pH：6.5〜7.0
発芽適温：20〜30℃
生育適温：15〜20℃
病害虫：アブラムシ、ヨトウムシ、ハダニなど

肥料の設計➡ホウレンソウと同じ（78ページ）

《ホウレンソウの仲間、pHに注意》

生育が旺盛で、暑さにも寒さにも強いスイスチャードは、家庭菜園初心者でも育てやすい野菜です。

和名は「不断草（フダンソウ）」といい、絶え間なく収穫できることに由来します。葉の小さいうちに収穫するベビーリーフはサラダに。大きく育てるなら、おひたしや炒め物などに利用できます。

ホウレンソウの仲間なので、酸性の土では育ちません。栽培に適したpHかどうかをチェックし、必要ならpHを矯正してからタネまきをしましょう。pHが低い場合は、カルシウム、マグネシウムなどで適正な値に調整します。

スイスチャードのタネは少し変わっていて、1つの殻の中に、数粒のタネが入っています。そのため、タネまきの間隔は、他の葉菜タイプの野菜よりも少し広めに。2cmほどあけます。

なお、殻がとても硬いので、一晩水につけてからタネまきすると発芽しやすくなります。ベビーリーフとして利用する場合は、間引かずに、タネまきから2週間ほどで収穫できます。

コマツナ

一年中育てられる便利な野菜

◆**基本データ**
科名：アブラナ科
食用部分：葉
適応土壌pH：6.0〜6.5
発芽適温：15〜20℃
生育適温：15〜20℃
病害虫：アオムシ、アブラムシ、白さび病、コナガなど

肥料の設計➡ホウレンソウと同じ（78ページ）

《タネまきから約1カ月で収穫できる》

「冬菜」「雪菜」とも呼ばれるコマツナは、ほぼ一年中栽培することができます。発芽率がよく、栽培期間も短いため、初心者でも育てやすい野菜です。葉菜タイプの中でもとくに生育が早く、タネまきから約1カ月で収穫できます。

タネまきでは3cm程度の間隔で1粒ずつまいて、最終的に10～15 cm間隔になるように間引きをするとよいでしょう。寒さに強く、1～2度霜に当てると甘みが増しておいしくなります。

栽培期間が短いため、初期の肥効をよくし、一気に育てることがポイントです。

コマツナの根は浅いため、土の表面から10cmぐらいの深さに、堆肥、アミノ酸肥料、ミネラル肥料をバランスよく与えましょう。太陽熱養生処理を行えば、病害虫も抑えられ、ミネラルも溶けやすくなってスタートからよく効き、品質のよいものが栽培できます。

高温期は害虫の発生も多くなるため、秋中盤のタネまきが育てやすいといえます。

チンゲンサイ

一年中栽培できるが、害虫に気を付けて

◆基本データ
科名：アブラナ科
食用部分：葉
適応土壌pH：6.0～6.5
発芽適温：15～25℃
生育適温：15～20℃
病害虫：コナガ、ヨトウムシ、アオムシ、アブラムシ、白さび病、べと病など

肥料の設計➡ホウレンソウと同じ（78ページ）

《ミネラルを効かせて害虫に強くする》

一年中栽培できる野菜ですが、6月以降の高温期は虫の被害が多くなるため、春まきではタネまき直後からネットをかけるのがおすすめ。秋作は害虫も少なく育てやすいです。

病気や害虫の被害に遭いにくいチンゲンサイを育てるには、ミネラルをバランスよく、十分に効かせることがポイント。初期からの葉が大きく厚くなり、光合成量も多くなります。表皮の強い健康なチンゲンサイに育ち、病害虫被害も激減します。

タネまきは、深さ1cm程度の溝をつくり、1cm間隔でタネをまき、土で覆います。この時、土をしっかりと手で押さえて、土と密着させるように鎮圧すると、タネが土中の水分を吸収しやすくなり、根が伸びやすくなります。

本葉2～3枚の頃に6cm間隔程度に間引き、最終的に株間10～15cmにします。最終的な株間は15cm程度とし、本葉3～4枚頃に1本立ちとします。草丈20～25cm、株元の直径が4～5cm程度で収穫です。

オカヒジキ

ミネラルたっぷり栄養野菜

◆基本データ
科名：アカザ科
食用部分：葉・茎
適応土壌pH：6.5～7.0
発芽適温：20～25℃
生育適温：15～20℃
病害虫：アブラムシ、立枯病、べと病など

元肥の設計➡ホウレンソウと同じ（78ページ）

《弱酸性～中性でよく育つ》

細い葉が海藻のヒジキに似ていて多肉質。匍匐（ほふく）しながら横に伸びて生育します。カロテンやミネラルをたっぷり含みます。タネまきから収穫まで30～40日程度と短く、家庭菜園で手軽に楽しめます。

ホウレンソウと同じく酸性土に弱い野菜で、弱酸性～中性でよく育ちます。土を乾燥させると葉や茎が硬くなってしまうため、保水性のよい土つくりを行いましょう。

初期生育は遅く、雑草の勢いに負けないように注意。

追肥（1m²当たり）

アミノ742	カルシウム	マグネシウム
30g	20g	30g
クワトロネオ		
20g		

深さ1cmの溝をつくって1cm間隔でタネをまき、本葉が出てきたら順次間引き、最終的に10cm間隔の株間にします。草丈10～15cmほどになったらハサミで切り取って収穫。収穫のたびに追肥をすると株が再生し、何度も収穫できます。

一度植えれば何年も収穫できる

◆基本データ
科名：ヒガンバナ科
食用部分：葉
適応土壌pH：6.0〜6.5
発芽適温：15〜25℃
生育適温：15〜25℃
病害虫：アブラムシ、アザミウマ、さび病、乾腐病、白斑葉枯病

《一年目は収穫せず株を充実させる》

野菜の多くは一年草ですが、ニラはアスパラガス、葉ネギと並んで、冬を越して数年間栽培できる多年草です。生育が遅いため、タネまきから一年目は収穫を控え、株を充実させるようにします。

なお、何年も栽培する野菜なので、あとで邪魔にならないよう、植える場所はよく考えて決めましょう。プランターなら、畑のスペースを占有することなく、移動もできるため、手軽に栽培が楽しめます。

《栽培のポイント》

収穫は葉が20〜25cm程度になったら、地面から3cmほど残してハサミで切って収穫。ふたたび葉が再生し、1カ月程度でまた収穫できます。2年目以降は、年に3〜4回収穫できるようになります。

3〜4年たったら、春か秋に株を掘り上げ、3本くらいずつ株分けをして植え直すと、継続して収穫が楽しめます。

《ニラの追肥》

ニラは、葉菜タイプの野菜の中では、もっとも肥料を多く必要とする野菜です。株の勢いを落とさないよう、収穫の都度、アミノ酸肥料とミネラル肥料を追肥します。

ニラは、夏になるとトウ立ち（花蕾がつく）しやすくなりますが、チッソ分を切らさず、栄養生長を続けさせるようにするとトウ立ちしにくくなります。ただし、ミネラルよりも優先してチッソが効くと、アブラムシの発生や、さび病、白斑葉枯病といった病害虫を招くので注意します。

元肥で入れるチッソの純粋量（$1m^2$当たり）
10〜15g（推奨割合 堆肥6：アミノ酸肥料4）

BLOF資材の元肥量（$1m^2$当たり）

アミノ742	ソイルメイク23	ソイルメイク11
143g	1,000g	1,000g
カルシウム	**マグネシウム(ブルーマグ)**	**クワトロネオ**
200g	90g(126g)	30g

追肥（$1m^2$当たり）

アミノ742		
50g		
カルシウム	**マグネシウム**	**クワトロネオ**
20g	30g	20g

春〜夏に刈り取り収穫し、収穫が終わったあと、9月後半から10月にも追肥します。秋以降は来年のために養分を蓄える時期で、この時期の追肥が来年の収穫に影響します。

《ニラのミネラル》

ニラの特有の香りの素は硫化アリルで、血液の流れをよくする機能性物質として知られるほか、ビタミンB_1の吸収を促進します。

硫化アリルは、硫酸マグネシウム、硫酸カルシウム、といった、「硫黄」を含んだ水溶性のミネラル資材を施すことで増えます。栽培期間の長いニラは、その他のミネラルも切らさないように、十分な量を追肥しましょう。

葉ネギ

半日陰でもOK。一年中、食卓で大活躍

◆基本データ
科名：ヒガンバナ科
食用部分：葉
適応土壌pH：6.0～7.0
発芽適温：15～25℃
生育適温：20～25℃
病害虫：アブラムシ、さび病、赤さび病、アザミウマなど

《一度植えれば3～4年収穫できる》

長ネギはおもに軟白部分を食べるのに対し、葉ネギは緑の葉を食べます。長ネギのように土寄せする必要がなく、栽培期間も短いため、初心者でも手軽に栽培できます。

薬味にしたり汁物に添えるなど、少量で利用することが多い葉ネギは、家庭菜園で栽培すると使い勝手のよい野菜。プランターなど、せまい場所でも簡単に育てられます。

《栽培のポイント》

葉ネギは多年草で、一度植えつけると3～4年は収穫できます。株ごと抜かずに根元から切って収穫するようにすると、次々と新しい芽が出るため、長く収穫を楽しむことができます。

日当たりのよい場所ならよく育ちますが、半日陰でも十分育ちます。菜園の日照条件に合わせて、日陰になりやすい場所に植えれば、限られたスペースを有効活用できます。

酸素を好むため、太陽熱養生処理を行い、排水性と保水性のよい、根が十分に呼吸できる土つくりを行います。

《追肥で長くとる》

株ごと引き抜く収穫の場合は元肥だけで栽培できますが、株元を残して連続収穫する場合は、追肥が必要です。地際から5cm程度のところで刈りとり収穫後、または伸びが悪くなってきたら追肥します。

葉ネギは葉の面積が小さいため、光合成によってつくられる炭水化物が少なく、チッソ優先になりやすい野菜です。常にミネラルが優先して吸収されるように注意し、カルシウムを多めに施用することで、表皮を硬く、病害虫への抵抗力を高く維持することできます。

チッソ優先になると、腐りも出やすくなるので、チッソ肥料のやりすぎに注意しましょう。とくに梅雨時の湿気の多い時期や、夏の高温多湿時は、軟腐病、べと病、さび病などが発生しやすくなります。

元肥で入れるチッソの純粋量（1m²当たり）
8～10g（推奨割合 堆肥6：アミノ酸肥料4）

BLOF資材の元肥量（1m²当たり）

アミノ742	ソイルメイク23	ソイルメイク11
57g	400g	400g
カルシウム	**マグネシウム(ブルーマグ)**	**クワトロネオ**
100g	60g(84g)	30g

追肥（1m²当たり）

アミノ742		
30g		
カルシウム	**マグネシウム**	**クワトロネオ**
20g	30g	20g

BLOFなら葉ネギでも根を深く張り、しっかり土をつかむ（萩原紀行撮影）

リーフレタス（サニーレタス・サンチュ・レタスミックス・サラダ菜）

摘み取り収穫で長く楽しめる

◆基本データ
科名：キク科
食用部分：葉
適応土壌pH：6.0〜6.5
発芽適温：15〜20℃
生育適温：15〜20℃
病害虫：アブラムシ、ヨトウムシ、軟腐病など

元肥の設計➡ホウレンソウと同じ（78ページ）
追肥の設計➡葉ネギと同じ（82ページ）

「リーフレタス」は、結球しないレタスの総称です。赤や褐色、緑葉など、カラフルな彩りが料理を華やかに映えさせてくれ、サラダに欠かせない野菜。

病気や害虫に強く、芽が出ればあとはほとんど手がかかりません。栽培期間も短く、家庭菜園初心者でも簡単に育てられ、プランター栽培にも向きます。多めにタネをまいて密植させれば、間引き菜をベビーリーフとして楽しめます。外葉を摘み取り収穫すれば、後から新芽がまた伸びてくるので、数回収穫できます。

冷涼な気候を好み、気温が上がりすぎると生育が悪くなります。日が長くなるとトウ立ちしやすくなります。真夏を除けば、ほぼ一年中育てられます。

好光性の種子なので、タネまきでは土を薄くかけ、発芽までは乾燥させないようにします。芽が出るまでは不織布などをべたがけしておくと発芽率が高まります。大きなサイズで収穫するには、本葉３枚の頃に株間を20cm程度に間引きます。

根ごと抜き取る収穫なら追肥は行いません。摘み取り収穫する場合は、収穫のたびに追肥すれば、葉の再生がよくなり、長く収穫できます。

シュンギク

秋まきで冬に楽しむ

◆基本データ
科名：キク科
食用部分：葉・茎
適応土壌pH：6.0〜6.5
発芽適温：15〜20℃
生育適温：15〜20℃
病害虫：ハモグリバエ、アブラムシ、べと病など

追肥の設計➡葉ネギと同じ（82ページ）

《秋まきが育てやすい》

冷涼な気候を好むため、秋まきが育てやすいです。8月に太陽熱養生処理を行っておけば、病原菌や害虫、雑草のタネも抑制され、よい品質のものができます。 せまい場所やプランターでも手軽に栽培できます。霜に当たるとすぐに枯れてしまうので、その前に収穫します。12月以降も収穫を続ける場合は、トンネルにポリフィルムなどをかけて防寒します。

好光性の種子なので、タネまきのときは土を薄くかけ、発芽するまでは不織布をべたがけして保湿。

元肥で入れるチッソの純粋量（1m²当たり）
10〜15g（推奨割合 堆肥6：アミノ酸肥料4）

BLOF資材の元肥量（1m²当たり）

アミノ742	ソイルメイク23	ソイルメイク11
91g	600g	600g
カルシウム	マグネシウム(ブルーマグ)	クワトロネオ
100g	60g(84g)	30g

抜き取り収穫の場合は追肥は不要ですが、わき芽を摘み取り連続収穫する方法では、収穫のたびに追肥を行います。

ミツバ

半日陰を有効活用できる野菜

◆基本データ
科名：セリ科
食用部分：葉
適応土壌pH：6.0～6.5
発芽適温：15～20℃
生育適温：10～20℃
病害虫：アブラムシ、ハスモンヨトウ、べと病、立枯病、ハダニなど

肥料の設計➡葉ネギと同じ（78ページ）

《発芽まで乾燥させない》

初夏に花が咲く多年草。半日陰でもよく育つので、ベランダや菜園の日当たりの悪い場所を有効に使えます。地際から数cm残して、ハサミで切り取って収穫すれば、再生して長期間楽しめます。放任するとタネが落ちて雑草化し、毎年自生します。葉が硬くなるとおいしくないので、タネを多めにばらまいて、間引きしないで、ひ弱に育てるのがコツ。

芽が出てしまえば育てやすい野菜ですが、二年目以降は葉が硬くなりやすいので、毎年タネから栽培するのがおすすめです。

ミツバはもともと水辺に生息する植物で、乾燥を極端に嫌い、湿度の高い場所を好みます。もっとも難しいのは芽出し。好光性種子のため、薄く土をかぶせるのが発芽率を上げるコツ。タネをまいてから発芽までの1週間から10日は、決して土を乾かさないようにします。毎日水やりを行い、不織布や寒冷紗などをかけて乾燥を防止しましょう。

株元を残して摘み取れば繰り返し収穫できるため、生育、葉の色を見ながら、適宜追肥を行います。

クウシンサイ（空芯菜・エンツァイ）

ミネラルたっぷり栄養野菜

◆基本データ
科名：ヒルガオ科
食用部分：若い葉・茎
適応土壌pH：6.0～6.5
発芽適温：20～30℃
生育適温：25～30℃
病害虫：特になし

元肥の設計➡シュンギクと同じ（83ページ）
追肥の設計➡葉ネギと同じ（82ページ）

《収穫のたびに追肥して長く収穫》

茎の切り口が空洞になっているのが名前の由来で、「エンツァイ」とも呼ばれます。スライスしたニンニクと一緒にさっと炒めるだけで、シャキシャキとした食感を楽しめます。暑さに強く、病害虫にも強いため、夏場の葉物が少ない時期に重宝します。

栽培は簡単で、畑への直まきで十分育ち、初心者でも栽培しやすい野菜です。草丈15～20cmの頃、先端を摘心すると、わき芽が旺盛に伸びるようになり、繰り返し収穫できます。

タネは殻が硬いため、一晩水につけておくと発芽しやすくなります。発芽までは、乾かさないように、不織布をかけて、その上からたっぷりと水をやります。

生育が旺盛で、繰り返し茎葉を収穫するクウシンサイは定期的な追肥が必要です。摘み取りのたびに追肥を行えば長期にわたって収穫できます。若い健康な葉・茎を収穫するため、ミネラルではとくに、マグネシウム、カルシウムが重要です。

外葉タイプ

キャベツ

BLOFならネットなしでも虫食い知らず

◆基本データ
科名：アブラナ科
食用部分：葉
適応土壌pH：6.0〜6.5
発芽適温：15〜30℃
生育適温：15〜20℃
病害虫：アオムシ、コナガ、アブラムシ、ヨトウムシ、ナメクジ、べと病など

《初期の葉を大きく、厚く育てる》

家庭菜園でキャベツに挑戦するとき、最大の難関は害虫対策。アオムシ、アブラムシ、コナガなど、害虫の被害が非常に多いのです。食害されると葉が穴だらけになり、光合成力も落ちます。植えつけ直後から防虫ネットで守ること、害虫は見つけ次第捕殺することが基本。ですがBLOFでしっかり土つくり、施肥を行うと、葉が丈夫に育つので、防虫ネットなし、消毒や農薬なしでも害虫被害に遭いにくくなります。

キャベツをよく育てるには、初期に葉の枚数を増やし、外葉を大きく、厚く育てることが重要です。

BLOFの有機栽培では、キャベツは元肥のみで、基本追肥は行いません。元肥で初期にチッソをしっかり効かせて葉を大きく充実させ、結球が始まる頃には、チッソは生育を維持する程度に切らせていきます。必要以上にチッソを与えないのは、結球部へ炭水化物の蓄積を促進するため。生育後半までチッソの肥効がずれ込むと、葉が伸びて締まりが悪くなり、結球してこないこともあります。ただし、肥料分の流れやすい砂質土の場合は、生育の様子を見ながら追肥を行ってもいいでしょう。

キャベツでとくに重要なミネラルは、マグネシウム、マンガン、カルシウム、鉄。ホウ素、銅なども重要です。つねにミネラルが十分効いて、病害虫に強いカラダが維持されるように元肥でしっかり与え、できれば太陽熱養生処理をしておきましょう。

《春まきキャベツは玉割れに注意》

春まき・夏収穫のキャベツでは、収穫時期に入ってから玉割れ（裂玉）が起きることがあります。乾燥が続いたあとで急に雨が降り、大量に水を吸い込んだ場合などに起こりやすくなります。常に土のかわきすぎには注意して、適度な水やりを欠かさないようにすることで、玉割れを防ぐことができます。

元肥で入れるチッソの純粋量（1m²当たり）
20〜30g（推奨割合 堆肥6：アミノ酸肥料4）

BLOF資材の元肥量（1m²当たり）

アミノ742	ソイルメイク23	ソイルメイク11
171g	1,000g	1,200g
カルシウム	**マグネシウム(ブルーマグ)**	**クワトロネオ**
200g	90g(126g)	30g

※キャベツでは追肥は行いません。

《酢で蒸れるのを防ぐ》

チッソ成分が多めに残っているキャベツは、日中の気温が25℃以上になると、結球した内部の温度が上がって蒸れ、中が腐ってしまうことがあります。これを防ぐには、温度が上がりそうな日の朝、食酢を100〜150倍希釈で散布することが効果的です。酢は、余分なチッソを代謝（同化）し、締める効果があります。

BLOF理論でプランター栽培したキャベツ。油をひいたようなクチクラ層がしっかりとできている
（藤田雅一撮影）

ハクサイ

初心者でもBLOFなら立派なものがつくれる

◆基本データ
科名：アブラナ科
食用部分：葉
適応土壌pH：6.0〜6.5
発芽適温：18〜23℃
生育適温：15〜20℃
病害虫：アオムシ、シンクイムシ、コナガ、ヨトウムシ、ナメクジ、軟腐病など

肥料の設計➡キャベツと同じ（85ページ）

《株間を広めにとるのがコツ》

秋冬野菜の主役級。難易度が高いと思われがちですが、BLOFのポイントを押さえれば、初心者でも無農薬で立派なハクサイが収穫できます。

冷涼な気候を好み、生育後半に寒さに当たると、おいしさ、うまみが増します。春まきではトウ立ちしやすいため、秋植え冬どりがおすすめです。

育て方のポイントはキャベツとほぼ共通します。大きく違うのは株間です。キャベツでは株間40cm程度、葉が触れ合うくらいで仲よく育つのに対し、ハクサイは株間が近すぎるとどちらかがいじけてしまいます。ハクサイの株間は45cm以上とります。

BLOFの有機栽培では、基本ハクサイでは追肥は行いません。土つくりをしっかり行っていれば、元肥だけで十分育てることができます。むしろ、追肥を行ってチッソ肥効が後ろへずれれば、病害虫にもやられやすく、品質を落とします。ただし、砂質土などで肥料分が流れやすい場合は、追肥を行う必要があります。

《害虫は早めに取り除く》

害虫を見つけたらすぐに取り除くなど、早めの対応が必要ですが、BLOFで栽培すると葉のクチクラ層が丈夫に育ち、無農薬でも虫食いなしのハクサイを目指せます。病気では軟腐病がクセモノ（レタスの項を参照）。

レタス（玉）

適度な水分を保持しておいしく育てる

◆基本データ
科名：キク科
食用部分：葉
適応土壌pH：6.0〜6.5
発芽適温：15〜20℃
生育適温：15〜20℃
病害虫：アブラムシ、ヨトウムシ、ナメクジ、カタツムリ、べと病、軟腐病など

《肥料は先行逃げ切りで》

レタスには、結球する玉レタスと、半結球のサラダ菜やコスレタス、結球しないリーフレタス、サンチュなどがあります。コツを押さえれば初めてでも難しくはなく、見事なレタスが栽培できます。タネから栽培する場合は、ポットやセルトレイなどで育苗してから植え付けます。家庭菜園では、苗からの栽培が手軽で

元肥で入れるチッソの純粋量（1m²当たり）
9〜14g（推奨割合 堆肥5：アミノ酸肥料5）

BLOF資材の元肥量（1m²当たり）

アミノ742	ソイルメイク23	ソイルメイク11
100g	500g	467g
カルシウム	**マグネシウム（ブルーマグ）**	**クワトロネオ**
100g	60g（84g）	30g

※レタスでは追肥は行いません。

おすすめです。

　レタスの肥料の与え方のイメージは、「先行逃げ切り」。初期の生育をよくするために、速効性のあるアミノ酸肥料を効かせます。春作ではアミノ酸肥料を控えめに、逆に秋作では多めに与えます。堆肥のチッソ成分がいつまでも効いていると、丸くならなくなったり、べと病、軟腐病などを招きやすくなります。

　生育初期に水分が足りないと、生育が停滞して葉を大きくできません。ただし、レタスは基本的には乾燥した気候を好み、過湿を嫌います。トンネルに透明ビニールを張って雨を避け、密閉するのではなく下部は風通しよくすることで、元気に育ちます。また、レタスは土が乾きすぎると苦みが出ます。適度な水分を維持することが、おいしいレタスを栽培するコツです。

《クセモノの軟腐病》

　軟腐病は細菌性の病気で、レタスやハクサイで問題になります。結球開始前後になって、地面に近い部分から腐り始め、べとべとになり、悪臭を放つようになります。原因は、土壌に潜んでいた病原菌の侵入、繁殖ですが、太陽熱養生処理を行うことによってこれを防ぐことができます。

　なお、水分の過剰や、元肥のチッソ肥料や堆肥が多すぎること、また結球開始の時期にチッソが切れないことも原因になります。

ブロッコリー、カリフラワー

葉を大きく育てて大株に

◆基本データ
科名：アブラナ科
食用部分：花蕾・茎
適応土壌pH：6.0〜6.5
発芽適温：15〜30℃
生育適温：15〜20℃
病害虫：ヨトウムシ、コナガ、アオムシ、アブラムシ、べと病、根こぶ病、軟腐病、黒腐病など

元肥の設計➡キャベツと同じ（85ページ）

《栽培期間が長いので、肥料を効かせて》

　大きく肥大した開花前の蕾を収穫します。野菜のライフステージで見ると、キャベツなどの結球タイプの野菜よりもう一歩進んだ、花が咲く直前です。ブロッコリーよりカリフラワーのほうが栽培期間は20日ほど長くなります。

　キャベツ同様、害虫の被害に遭いやすいので、ミネラルを不足なく効かせ、光合成をしっかり行わせて葉を丈夫にします。収量を多くするには、花蕾部の付け根を太くすることが大切。元肥で初期の生育をよくし、葉を大きく育てることが肝心です。BLOFでは基本追肥はしませんが、わき芽（側花蕾）を食べる茎ブロッコリーでは、頂花蕾収穫後に追肥します。

追肥（1m^{2}当たり）

アミノ742		
30g		
カルシウム	マグネシウム	クワトロネオ
20g	30g	20g

※追肥はブロッコリーで側花蕾をとるタイプに行います。

《春は早期抽台に注意》

　ブロッコリーは、生育初期の株が小さいうちに低温に遭うと、花芽が早くつきすぎて、花蕾が大きくならないことがあります。これを「ボトニング（早期抽台）」といいます。栽培適温を守ることと、遅霜に当たる恐れがある場合は防寒対策を行います。

長ネギ

ふかふかの土で太くおいしいネギになる

◆**基本データ**
科名：ヒガンバナ科
食用部分：葉
適応土壌pH：6.0〜7.0
発芽適温：15〜28℃
生育適温：15〜20℃
病害虫：アブラムシ、さび病、べと病など

《追肥は少量多回数。必ず中熟堆肥と一緒に》

白い葉鞘部を長くまっすぐに育てるものを長ネギ（白ネギ・根深ネギ）と呼びます。土の中で育てるため、土が硬く、排水性や通気性が悪い土壌では病気が多くなり、よいものがとれません。排水性も保水性もよい、団粒構造の発達した土つくりが、よいネギを収穫するためになによりも大切です。

白く長いネギを育てるには、土を30cm以上掘って苗を植えつけます。始めはゆっくり生長しますが、葉が伸びだすと勢いがつきます。アミノ酸肥料の追肥は、生育（伸び）が悪くなってきたら行いますが、ネギは葉の面積が小さく、光合成によってつくられる炭水化物の量が多くありません。蒸散量も少ないため、水や肥料を一度にたくさん吸収することができません。そのため、追肥は少量をこまめに与えるようにします。

チッソの切れ具合は、葉の付け根の芯の伸びでわかります。いつも伸びているようなら、チッソが効いている証拠です。

追肥の際は、アミノ酸肥料に対して1割ほどの中熟堆肥を一緒に混ぜて与えます。アミノ酸肥料はカビなどのエサになりやすいので、中熟堆肥に含まれる有用微生物で抑えるのです。また、追肥は必ずウネ間にまき、土と混ぜながら土寄せしましょう。株元に直接まいてしまうと、ネギが腐ってしまうことがあります。

牛乳パックで長ネギの軟白栽培ができる

元肥で入れるチッソの純粋量（1m²当たり）
25g（推奨割合 堆肥6：アミノ酸肥料4）

BLOF資材の元肥量（1m²当たり）

アミノ742	ソイルメイク23	ソイルメイク11
143g	1,000g	1,000g
カルシウム	**マグネシウム(ブルーマグ)**	**クワトロネオ**
200g	90g(126g)	30g

追肥（1m²当たり）

アミノ742		
30g		
カルシウム	**マグネシウム**	**クワトロネオ**
20g	30g	20g

《ミネラルの追肥も》

チッソ過剰になると、病気になったり、溶けやすくなります。チッソ追肥の際には必ずその1〜2日前にミネラルの追肥もします。また、長ネギの独特の香りと辛みは硫化アリルによるもの。硫酸マグネシウムやクワトロネオなど、硫黄を含むミネラルを与えると、香りや味がよくなります。

《ネギ坊主を出さないように肥効を維持》

ネギは、ある程度大きくなってから低温に遭うと花芽ができ、その後の高温と長日によってトウ立ちします。秋まき春植えの場合などにネギ坊主ができてしまった場合は、ネギ坊主を切ってアミノ酸肥料を追肥すると、体内のC/N比が下がって栄養生長よりになり、それ以降ネギ坊主ができにくくなります。春はとくに肥効が切れないように、追肥で養分を補います。

タマネギ

アミノ酸肥料多めで初期生育をよく

◆**基本データ**
科名：ヒガンバナ科
食用部分：鱗茎（肥大した茎）
適応土壌pH：6.5
発芽適温：15～20℃
生育適温：15～20℃
病害虫：アブラムシ、ハダニ、タネバエ、べと病、さび病、軟腐病など

《葉を多くすると大きい球に》

栽培期間は長いものの、比較的病害虫も少なく、手間がかからず、初心者でも充実した収穫が得られます。苗づくりに1カ月半～2カ月ほどかかるため、初めは苗を購入して栽培するのがおすすめです。

タマネギは、伸びてくる葉の一枚一枚が球（たま）の鱗片につながっています。春の生育初期から、葉の枚数をいかに早くとれるかが、品質のいいタマネギを多収穫する最大のポイントになります。

《植えつけ時のサイズと定植時期に注意》

植えつけ時の苗の太さは7～8mm（鉛筆くらいの太さ）が目安。タマネギは一定の大きさ（9～10mm以上）に育ったあと、12℃以下の低温に1カ月以上遭うと花芽ができて、春にトウ立ちします。そのため、冬を迎える前に苗を大きくしすぎないことがポイントです。逆に細すぎると冬の寒さ、霜柱で枯れてしまうことがあります。適切な大きさで冬を越させるためには、地域に合った適期に定植することも重要です。

《元肥を効かせて根をしっかり張らせる》

元肥をしっかり効かせて、小さなサイズながらしっかり根を張らせて冬を越させます。冬に霜柱が立つとき、根が弱いと苗が持ち上げられて根が切れ、枯れてしまうことがあるためです。冬の前に根がしっかり張れていれば心配ありません。

タマネギの断面図

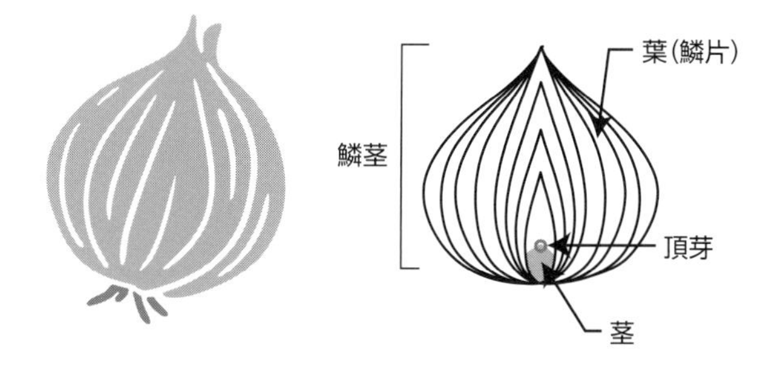

元肥で入れるチッソの純粋量（1m²当たり）
18～23g（推奨割合 堆肥5：アミノ酸肥料5）

BLOF資材の元肥量（1m²当たり）

アミノ742	ソイルメイク23	ソイルメイク11
164g	800g	767g
カルシウム	**マグネシウム(ブルーマグ)**	**クワトロネオ**
200g	90g(126g)	30g

追肥（1m²当たり）

アミノ742		
40g		
カルシウム	**マグネシウム**	**クワトロネオ**
20g	30g	20g

定植時に黒マルチを張り、植え穴にモミガラくん炭を入れておくと、黒色のため太陽の光を吸収して地温を上昇させ、保温の効果もあり、霜対策になります。

春暖かくなってくると、元肥の残りが効き、葉の枚数が増えていきます。そして球が肥大する時期には、チッソがだんだん切れて、葉の生長がゆっくりになり、栄養分が玉の充実に回るのが理想です。

追肥は必要ありませんが、肥料分が流れやすい砂質土では、追肥が必要な場合もあります。また、球を大きくしたい場合は、収穫一カ月半前に追肥します。ただし、追肥をすると病害虫の被害に遭いやすく、日持ちが悪くなるデメリットもあるので注意しましょう。

タマネギの根は、長ネギと同じように、酸素が大好きです。太陽熱養生処理を行って団粒構造をつくり、病害虫を抑制しておくと、品質のよいタマネギが栽培できます。

《カルシウム、硫黄、鉄が大事》

タマネギの根は浅く、強くないため、カルシウムを効かせてしっかりとした根をつくることが大切。タマネギの葉と鱗片はつながっているため、マグネシウムが切れて葉が枯れ上がると球の腐れを招きます。初期から光合成を活発に行えるように、マグネシウムは水溶性のものを中心に与えます。

タマネギの辛み、香りは、硫化アリルという成分ですが、硫黄は硫酸マグネシウムやクワトロネオなど、水溶性のミネラルに含まれているので、レシピの元肥で必要量をまかなうことができます。

鉄が不足すると病害虫に弱くなり、腐りや日持ちの悪さの原因にもなります。皮の色が濃く丸いタマネギに育ったら、鉄が十分に効いていた証拠です。

《冬どり栽培もおすすめ》

ホームタマネギはタネまきから2カ月ぐらいの小さなタマネギを乾燥させて保存したものです。この球根を7～8月に植えると（中間地）、すぐに芽が出て大きくなり、11～12月には収穫できます。プランターでも、深さ15cm以上あれば育てられ、手軽に楽しむことができます。

ニンニク

ミネラルを効かせば甘みも出る

◆基本データ
科名：ヒガンバナ科
食用部分：鱗茎（肥大した茎）
適応土壌pH：6.0～6.5
発芽適温：15～20℃
生育適温：15～20℃
病害虫：さび病、葉枯病、アブラムシ、ハダニ、ネギアザミウマ、センチュウなど

追肥の設計➡長ネギと同じ（88ページ）

元肥で入れるチッソの純粋量（1m²当たり）
15～20g（推奨割合 堆肥6：アミノ酸肥料4）

BLOF資材の元肥量（1m²当たり）

アミノ742	ソイルメイク23	ソイルメイク11
114g	800g	800g
カルシウム	**マグネシウム（ブルーマグ）**	**クワトロネオ**
200g	90g（126g）	30g

《病虫害に遭いにくいので育てやすい》

ニンニクの植えつけは温暖な地域で9月下旬から10月中旬頃。野菜の中では栽培期間がもっとも長く、植えてから収穫まで8～9カ月かかります。とはいえ、病害虫の心配が少なく、連作障害も出にくいため、初心者でも育てやすい野菜です。やや深型のプランターでも育てられます。

植えつけ時は、種球を1片ずつにばらした鱗片を、15cm間隔で、深さ5cmほどの穴をあけて、とがったほうを上にして植えます。鱗片の皮をむいてから植えると発芽が数日早くなり、根の張りもよくなります。発芽は、植えつけから約30日後。

《春にはチッソが切れているほうがいい》

秋に植えたニンニクは数枚の葉を出して冬を越し、春になると一気に葉を伸ばし始め、球を肥大させていきます。

種球の養分と、元肥のアミノ酸肥料で、冬前に根つくりを行いますが、元肥が多すぎると生育が進みすぎて、寒さで枯れてしまうので注意が必要です。

球が肥大を始める時期になったら、チッソは地上部のカラダを維持するために最低限まで切れるようにして、球の肥大に炭水化物を向けるように生育を持っていきます。球が肥大する時期にダラダラとチッソが効いていると、二次生長により、小さな側球ができて品質を落とします。

《球を大きくしたいときは春の追肥を》

冬場は生長を止めるため、基本追肥は行わず、元肥

だけで育てます（砂質土壌など保肥力の少ない土の場合は、春先２月上旬～中旬に追肥）。

また、球を肥大させたいときには４月上旬までに追肥を行います。ただし、葉の色が濃く生育がよければ基本追肥の必要はありません。

《ミネラルを効かせると大きく育つ》

ニンニクは薬効の高い野菜ですが、それはミネラルを豊富に含んでいることによります。カルシウムを多めに施して、冬の寒さに耐えられるように、根の表皮を強くすることが大切。葉が伸び始める春からは、マグネシウム、マンガン、鉄、銅などの光合成を盛んにするミネラルがしっかり効くと葉の枯れを防ぎ、球が肥大します。光合成が盛んになれば、辛いだけではなく、甘みの強い味わい豊かなニンニクに仕上がります。

セルリー（セロリ）

アミノ酸肥料で甘み、うまみが出る

◆基本データ

科名：セリ科

食用部分：葉・葉柄

適応土壌pH：6.0～6.5

発芽適温：15～20℃

生育適温：15～20℃

病害虫：アブラムシ、ハダニ、軟腐病、葉枯病、斑点病など

追肥の設計➡長ネギと同じ（88ページ）

《肥料を切らさないように》

乾燥に弱いため、マルチ栽培向き。家庭菜園では、栽培期間が短く、丈夫でつくりやすい「スープセルリー」もおすすめです。好光性種子のため覆土は薄くします。

株が大きくなって葉の面積が十分になると、葉柄に養分が蓄積します。長い生育期間中、ひたすら栄養生長を続けるため、最後までずっとチッソが効き続けている必要があります。同時に、大きく育った株を支えるために、センイをしっかりさせることが大切です。

セルリーは乾燥を嫌う野菜です。土が乾くとチッソがスムーズに効かなくなり、生育が悪くなるだけでなく、品質も悪くなります。ただし、水分が多すぎると軟腐病を招くため、水はけにも注意が必要です。

《カルシウム、鉄、ホウ素を意識する》

チッソ肥効を維持しながら長く栽培するため、軟弱になりがちです。そこで、カルシウムを少し多めに与えて、表皮を硬くし、病害虫に強いカラダつくりを行います。大きなカラダを支える根が、深く広く張るためには、鉄とホウ素も欠かせません。

元肥で入れるチッソの純粋量（1m²当たり）
25～30g（推奨割合 堆肥6：アミノ酸肥料4）

BLOF資材の元肥量（1m²当たり）

アミノ742	ソイルメイク23	ソイルメイク11
171g	1,000g	1,200g
カルシウム	**マグネシウム（ブルーマグ）**	**クワトロネオ**
200g	90g（126g）	30g

《アミノ酸肥料の使い分けで味が変わる》

セルリーは追肥なしでも栽培できますが、アミノ酸肥料の種類によって、味を変えることができます。甘みを増したい場合は植物系のアミノ酸肥料（アミノ742）を、うまみを増したい場合は魚系のアミノ酸肥料を、収穫の３週間ほど前に与えます。ただし、やりすぎに注意しましょう。

《茎を白くするには》

お店で売られているセルリーは、茎の部分が白く軟らかいのが特徴。じつは普通に栽培したのでは、濃い緑色で硬い食感に育ちます。茎が白いセルリーをつくるには、収穫の３～４週間前に、ダンボールや袋などで周囲を囲い、光を遮るとよいでしょう。

根菜タイプ

ダイコン

秋まきで肌のきれいな甘いダイコンに

◆**基本データ**
科名：アブラナ科
食用部分：根、葉
適応土壌pH：6.0～6.5
発芽適温：15～25℃
生育適温：15～20℃
病害虫：アオムシ、ヨトウムシ、コナガ、キスジノミハムシ、ウイルス病、軟腐病など

《秋まきがつくりやすくおいしい》

初期に肥効を効かせて早く大きな葉をつくり、光合成をしっかり行えるようにすることが、品質のよいダイコンを栽培するポイントです。とくに、ミネラルを初期からしっかり吸収して育ったダイコンは、病害虫の被害にも遭いにくくなります。

丸形や、小さなサイズのダイコンなら、プランターでも育てやすく、一般的な「青首ダイコン」も、深型のプランターなら育てられます。栽培も難しくありません。

春まきもできますが、秋、少し涼しくなってからタネをまくと発芽しやすく、肌のきれいなダイコンになります。冬どりは育てやすく保存性もよいため、ぜひ家庭菜園で育てたいものです。

《初期生育をよくして葉を大きく育てる》

排水性、保水性、通気性がよく、最低でも30cm以上深くまで軟らかな土が適しています。土壌病害虫の被害にも遭いやすいため、太陽熱養生処理を行ってしっかり土つくりをしてからタネまきをします。

元肥では、堆肥とアミノ酸肥料の両方からチッソ分を効かせ、初期の葉を厚く大きくし、葉の枚数を確保します。いち早く活発な光合成が行えるようになり、収穫部である根の肥大がよくなり、品質も高まります。

ダイコンの葉の生長がゆっくりになってくると、根の肥大が本格的に始まります。この時期に必要以上にチッソが残っていると、葉の生長が止まらず、「葉ボケ」になり、根が十分に太りません。ひげ根（側根・ダイコンの側面から伸びる根）が多くなったり、先端が尖る、スが入る、中心に空洞ができる、病害虫の被害にも遭いやすくなるなど、チッソ過多ではさまざまな障害が起きます。

根が肥大を始める頃には、チッソはカラダを維持する最低限まで切る生育に持っていくことが大切です。ダイコンでは基本追肥は行いません。

元肥で入れるチッソの純粋量（1m²当たり）
8～14g（推奨割合 堆肥5：アミノ酸肥料5）

BLOF資材の元肥量（1m²当たり）

アミノ742	ソイルメイク23	ソイルメイク11
100g	1,000g	467g
カルシウム	**マグネシウム**	**クワトロネオ**
100g	60g	30g

※ダイコンでは追肥は行いません。

《ホウ素が重要》

とくに重要な微量要素ミネラルはホウ素です。ホウ素が十分に効くと、ダイコンが割れたり、スが入ったりするのを防ぎやすくなります。

暖かい時期の栽培では軟弱な生育になりやすいため、カルシウムを多めに効かせ、カリを少なめにして、急な水分の吸収による根割れを防ぎます。

《土を乾かさない》

とくに根が大きくなる時期に入ってからは、土を乾かさないことが大切です。いつでも若干湿った状態にすることで、緻密でなめらかな食感、甘みのあるおいしい有機のダイコンが収穫できます。

カブ

色鮮やかでなめらかな食感

◆基本データ
科名：アブラナ科
食用部分：根、葉
適応土壌pH：6.0〜6.5
発芽適温：20〜25℃
生育適温：15〜20℃
病害虫：アブラムシ、コナガ、ヨトウムシ、カブラハバチ、根こぶ病、べと病など

《秋まきがつくりやすい》

一年中育てられ、栽培は難しくありません。寒さに強く、プランター栽培にも向いています。小カブ〜中カブなら、タネまきから45 〜 55日で収穫できます。暑さは苦手で、気温25℃を超えると生育が悪くなってくるので、涼しい時期が栽培しやすいでしょう。秋まきなら病害虫の被害も少なく、品質のよいものが栽培できます。春まきは害虫が多いので防虫ネットの活用がおすすめ。

太陽熱養生処理を行い、保水性、通気性をよくしておくと、肉質の柔らかな、見た目にも美しいカブに育ちます。収穫が遅れるとスが入ったり、表面が割れてしまったりするため、収穫適期を逃さないように。

元肥で入れるチッソの純粋量（1m²当たり）
8〜12g（推奨割合 堆肥5：アミノ酸肥料5）

BLOF資材の元肥量（1m²当たり）

アミノ742	ソイルメイク23	ソイルメイク11
86g	500g	400g
カルシウム	**マグネシウム**	**クワトロネオ**
100g	60g	30g

※カブでは追肥は行いません。

ラディッシュ

初めての野菜つくりにおすすめ

◆基本データ
科名：アブラナ科
食用部分：根、葉
適応土壌pH：6.0〜6.5
発芽適温：15〜25℃
生育適温：15〜20℃
病害虫：アブラムシ、コナガ、ヨトウムシ、カブラハバチ、根こぶ病、べと病など

《真夏以外は一年中、栽培できる》

カブに似ていますが、ダイコンの仲間。草丈は20 〜 30cm弱、直径2 〜 3cm程度に肥大した根を収穫します。「ハツカダイコン」とも呼ばれますが、実際の栽培期間は約１カ月ほど。短期間で収穫できるため、プランターで楽しめます。初めて家庭菜園に挑戦する人には、もっとも育てやすい野菜の一つといえます。

春から秋まで栽培栽培できますが、夏の高温時には生育が悪くなり、病虫害も多くなります。春夏では4 〜５月、秋冬では９〜 10月のタネまきが育てやすいでしょう。間引菜は、ベビーリーフとしてサラダなどで食べられます。

元肥で入れるチッソの純粋量（1m²当たり）
8〜10g（推奨割合 堆肥5：アミノ酸肥料5）

BLOF資材の元肥量（1m²当たり）

アミノ742	ソイルメイク23	ソイルメイク11
71g	400g	333g
カルシウム	**マグネシウム**	**クワトロネオ**
100g	60g	30g

※ラディッシュでは追肥は行いません。

ニンジン

ずん胴で色鮮やか、濃い味になる

◆**基本データ**
科名：セリ科
食用部分：根
適応土壌pH：6.0〜6.5
発芽適温：15〜25℃
生育適温：15〜20℃
病害虫：アブラムシ、ネキリムシ、キアゲハ、ネコブセンチュウ、うどんこ病など

肥料の設計➡ダイコンと同じ（92ページ）

《発芽が最大の難関》

ニンジンのタネは好光性で、土をかけすぎると発芽しにくくなります。また乾燥させてしまうと極端に発芽率が悪くなるので、芽が出るまでは常に土が湿っているようにします。タネまき後に不織布をべたがけし、その上から水やりして保湿すると発芽率は90％以上に高まります。雨や曇天が続くタイミングでタネまきすると、さらに効果的です。

ニンジンは、「発芽させれば半分は成功」といわれます。芽が無事に出れば、その後の管理は難しくありません。ただし、初期の生育が遅いので、芽が小さいうちは雑草に負けないよう、こまめな草とりが必要です。

《初期生育がよければ太く育つ》

普通売られているニンジンは先に向けて細い三角錐形ですが、BLOFの有機栽培でよく育てると、首が太く、肩が張った円柱（ずん胴）形のニンジンになります。通常の3倍近くの重量になることもあります。

そのような太ったニンジンに育てるには、初期から葉の枚数を多く出すような土つくりと施肥を行うことが大切です。サイズが大きくなる品種の場合は元肥のチッソ肥料を少し多めにしてもよいでしょう。タネまき前の暑い時期に元肥を入れて太陽熱養生処理を行うと、土壌病害虫や雑草を抑制し、ミネラルの吸収もよくなり、初期生育がよくなります。

根が肥大する頃には、チッソはできるだけ切らせ、炭水化物を根に貯める生育に持っていくことが大切なのは、根菜タイプに共通する性質です。

基本追肥は行いませんが、太さが親指くらいに生長したら、酢とカルシウム（2:1）を混ぜた「酢酸カルシウム」（131ページ）を葉面散布してあげると、甘み、おいしさがぐっと増します。

BLOF理論で育てて
ずん胴に育ったニンジン
（関根農園撮影）

《ミネラルで割れを防止する》

他の根菜類と比べ、ニンジンは“割れ”が生じやすい野菜です。とくに暖かい時期の栽培では、吸い上げる水の量も多くなり、裂根が起こりやすくなります。そこで、ダイコンなどよりもカリの量を少なめに、カルシウムの量を多めにして、生育を引き締めるようにします。

また、ホウ素が不足するとニンジンが割れやすくなり、病害虫の被害を受けやすくなります。

そのほか、ニンジンの色素でもあるカロテンをつくるのが鉄で、不足すると色があせたようになります。見た目にも見栄えが悪いのはもちろん、栄養価も低下してしまいます。鉄は根張りに関係する重要なミネラルで、不足すると養水分の吸収力が落ち、生育が悪くなります。

パースニップ

加熱すると甘くなる

◆**基本データ**
科名：セリ科
食用部分：根
適応土壌pH：6.0〜6.5
発芽適温：15〜20℃
生育適温：15〜20℃
病害虫：アブラムシ、キアゲハ、カメムシ、ネコブセンチュウ、うどんこ病など

肥料の設計➡ダイコンと同じ（92ページ）

《ニンジンより栽培期間が長い》

形がニンジンに似ていて、セリ科特有の香りがあります。光を好む好光性の種子なので、土は薄くかぶせ、発芽までは不織布などをべたがけして常に湿らせておくようにしましょう。

別名「白ニンジン」とも呼ばれ、加熱するとデンプンが糖に変わり、パースニップ本来の甘みが際立ちます。寒さに当てると、より甘みが増します。

栽培方法はニンジンとほぼ同じですが、栽培期間は１～１カ月半ほど長くなります。また、ニンジン以上に根が深く伸びるため、土壌病害虫対策として、太陽熱養生処理を行っておくと効果的です。

ゴボウ（ミニ）

ミニなら育てやすく生食もできる

◆**基本データ**
科名：キク科
食用部分：根
適応土壌pH：6.0〜6.5
発芽適温：20〜25℃
生育適温：20〜25℃
病害虫：アブラムシ、ヨトウムシ、ネキリムシ、ネコブセンチュウ、黒斑病、うどんこ病など

《追肥が2回必要》

ミニなら30～40cmの深さで栽培が可能で、深型のプランターや袋栽培でも十分に栽培できます。ミニゴボウは柔らかく甘みがあり、サラダで生食可能です。間引き菜もおいしく食べられます。

好光性のタネなので覆土は薄くします。ミニならタネまきから75～100日前後で収穫できます。

肥料を吸収するのは、地表から20cmくらいに張る吸収根です。もっと深く肥料を与えても吸収できない上、根傷みや岐根などが発生しやすく、傷んだ場所から根腐れ、センチュウ被害などが起きます。地表から20cmぐらいのところまでを耕して元肥を施します。

栽培期間が長いので追肥が必要。1回目は本葉6枚頃、2回目はその後2～3週間後に行います。

元肥で入れるチッソの純粋量（1m²当たり）
8〜22g（推奨割合 堆肥6：アミノ酸肥料4）

BLOF資材の元肥量（1m²当たり）

アミノ742	ソイルメイク23	ソイルメイク11
126g	1,000g	880g
カルシウム	**マグネシウム(ブルーマグ)**	**クワトロネオ**
200g	90g(126g)	30g

追肥（1m²当たり）

アミノ742		
30g		
カルシウム	**マグネシウム**	**クワトロネオ**
20g	30g	20g

チッソ優先になると害虫の被害が多発したり根が割れることもあるので、ミネラル追肥→アミノ酸追肥の順に行い、ミネラル優先を守ります。

イモ類タイプ

ジャガイモ

土壌pHが合えば難しくない

◆**基本データ**
科名：ナス科
食用部分：茎（塊茎（かいけい））
適応土壌pH：5.0〜5.5
発芽適温：15〜20℃
生育適温：15〜25℃
病害虫：テントウムシダマシ、アブラムシ、コガネムシの幼虫、そうか病、疫病など

《pHと初期肥効が大切》

台所に常備しておきたいジャガイモは、失敗も少なく、初心者でも育てやすい野菜です。春しか植えられないと思われがちですが、中間地より西の地域であれば、秋ジャガも植えることができます。

ジャガイモ栽培で大切なのは、土壌pH。ジャガイモの適正pHは5.0〜5.5。野菜の中でも酸性よりの土壌を好み、pHが高いとよく育ちません。

《大きいイモはおいしくない？》

ジャガイモは、タネイモから伸びたストロン（茎）の先端が肥大してイモになります。初期肥効をよくし、ストロンの数を多くすると、イモの数が増えそろいもよくなります。

イモが肥大する時期になってからは、チッソが長効きしないようにします。チッソがいつまでも切れないと、光合成でつくられる炭水化物が葉の生長のほうに使われてしまう「葉ボケ」が起こります。イモがとれるはずの時期に、葉が枯れてこない、いつまでも青々としている、という現象です。イモが大きくても数が少なく、充実しません。いくら煮てもガリガリと硬く、おいしくありません。

このような生育では、テントウムシダマシなどの害虫も発生しやすく、葉は穴だらけ、ボロボロになります。葉がボロボロになれば光合成力も落ちてしまい、よいイモができない悪循環になります。

《イモに空洞ができるのはなぜ？》

ジャガイモの中心に空洞ができる症状は、イモが急速に肥大することによって起こる生理障害です。

元肥で入れるチッソの純粋量（1m^{2}当たり）
12〜15g（推奨割合 堆肥5：アミノ酸肥料5）

BLOF資材の元肥量①（1m^{2}当たり）
◆放線菌入り堆肥を使用しない場合

アミノ742	ソイルメイク23	ソイルメイク11
214g	600g	
カルシウム	マグネシウム	クワトロネオ
200g	90g	30g

BLOF資材の元肥量②（1m^{2}当たり）
◆放線菌堆肥を使用する場合／pH5.5以下の畑

アミノ742	ソイルメイク23	ソイルメイク11
107g	600g	500g
カルシウム	マグネシウム	クワトロネオ
200g	90g	30g

追肥（1m^{2}当たり）

アミノ742		
30g		
カルシウム	マグネシウム	クワトロネオ
20g	30g	20g

チッソが多すぎることがおもな原因ですが、イモが肥大する時期の高温や、植えつけ時の株間が広すぎるなどの理由でも、中心の空洞化が起きることがあります。また、イモを大きくしようとしてカリを入れすぎると、空洞ができやすくなります。

《秋ジャガの植えつけ》

中間地、温暖地では、春だけでなく夏にもジャガイモを植えることができます。植えつけは8月中旬〜9月上旬が目安。晩夏に植えるジャガイモは、気温が高いため春より生育が早く、約3カ月で収穫できます。

夏植えでは、暑さに強く、秋終盤の寒さにも強い、「デジマ」、「ニシユタカ」、「アンデスレッド」といった品種がおすすめです。暑い時期に植えるので、イモが腐らないように、50gぐらいの小さめのタネイモを切らずにそのまま植えつけます。芽が出るまでは、地温の上がりすぎを防ぐために、シルバーマルチの利用がおすすめです。

なお、ジャガイモは寒さに弱く、霜に当たると地上部が一気に枯れてしまいます。それまでにイモを太らせておく必要があるため、毎年初霜が降りる時期から逆算してその３カ月前に、タネイモを植えつけるようにしましょう。

《pHが高いときの対策》

①放線菌堆肥を使わない

土壌pHの高い土では、ジャガイモ特有の土壌病害「そうか病」が出やすくなります。そうか病はイモの表面に黒いかさぶたのような傷がたくさんできる病気。皮を剥けば食べられますが、そうか病が出るようになると、品質、収穫量ともに落ちてしまいます。

そうか病の病原菌は放線菌の仲間です。BLOF資材で元肥として使う「ソイルメイク11」は放線菌の豊富な堆肥ですが、ジャガイモに使うとかえって病原菌を増やしてしまうことがあるため、ジャガイモでは使用を控えます。ただし、土壌のpHが6以下であれば、放線菌入り堆肥を使用しても大丈夫です。

②水溶性のミネラル肥料を使う

pHが高いと生育も悪くなり、収穫量も大きく減ってしまいます。そのような畑では硫酸マグネシウム、硫酸カルシウムなどの水溶性のミネラル資材を使用すると、pHを上げることがありません。クワトロネオも水溶性なので使えます。ミネラルをしっかり効かせたジャガイモは、イモの味が濃くなり、甘みが出ます。

《追肥をする場合》

ジャガイモでは基本追肥は行いませんが、元肥で放線菌入りの堆肥（ソイルメイク11）を使えない場合は、追肥によって補うこともあります。また、収量増を狙う場合は、追肥で肥大を進めることができます。

追肥の時期は、花が咲く前の蕾の頃で、与える量は木を栄養生長に戻さない程度の少量。チッソ量で1 m^2当たり2g程度にとどめます（チッソ率7%のアミノ酸肥料なら約30g）。

なお、マグネシウムを元肥で水溶性のものを入れた場合、初期肥効がよくなる半面、生育中に欠乏することがあります。葉の色、生育状況を見ながら、追肥を行います。

《タネイモの切り口は上にしよう》

タネイモを植えつけるとき、切り口は下と上、どちらがいいのでしょうか？　BLOFでは、切り口を上に向ける方法をおすすめしています。切り口を下に向けると発芽はよいのですが、強い芽も弱い芽もいっせいに出るため、芽かきが多く必要になります。

切り口を上にすれば、芽はまず下向きに伸びて方向を変え、迂回して芽を出します。地上部までの距離が長いため、イモの数が多くなります。弱い芽は自然に淘汰され、芽かきの作業も減ります。

ジャガイモの逆さ植え

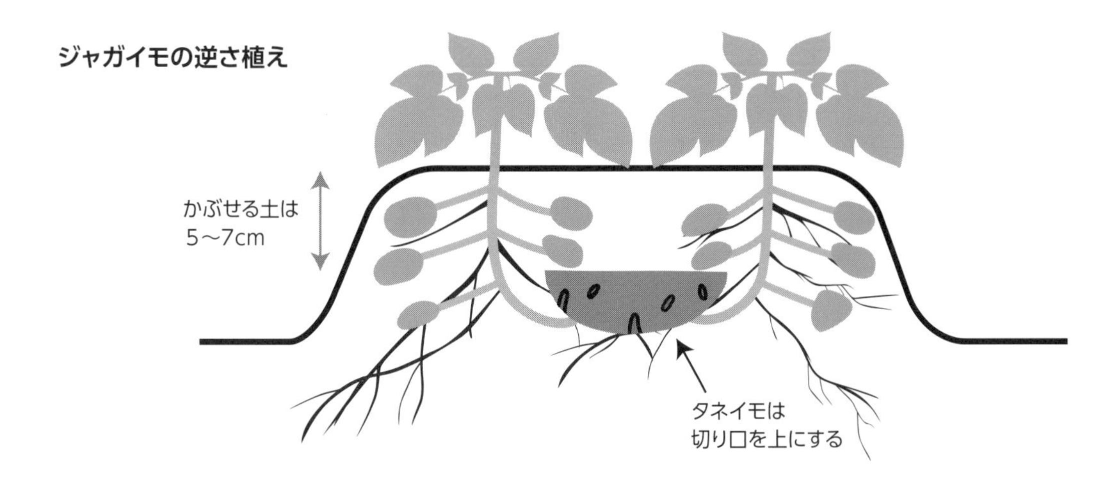

サツマイモ

ミネラルを効かせて甘く、おいしく

◆基本データ
科名：ヒルガオ科
食用部分：根（塊根）
適応土壌pH：5.5〜6.0
発芽適温：20〜30℃
生育適温：25〜30℃
病害虫：ネコブセンチュウ、コガネムシ、基腐（もとぐされ）病、黒あざ病、黒斑病など

《初期生育をよくして収穫量、甘みもアップ》

食物繊維やビタミンC、ビタミンE、カリウム、タンパク質、炭水化物など、さまざまな栄養素が含まれたサツマイモは、NASAにより宇宙食として研究され、「準完全食品」といわれたほど栄養たっぷりの野菜。市販の「挿し苗」を購入し、土に挿して栽培するのが一般的です。

水はけのよい土でよく育ちます。高ウネでの栽培がおすすめです。

初期葉から厚く大きく、節間の詰まった葉の枚数の多い生育にできれば、光合成も盛んになり、デンプンが豊富に蓄えられてイモが肥大します。充実した根をいかに早く出させるかが、収穫量、品質を上げるポイント。センチュウ被害を防ぐため、放線菌がよく増殖した中熟堆肥を施して、太陽熱養生処理を行います。

《元肥少なめ、追肥は不要》

元肥のチッソ量を少なめにし、中熟堆肥で水溶性炭

筆者が育てたシルクスイート

元肥で入れるチッソの純粋量（1m^{2}当たり）
4〜6g（推奨割合 堆肥4：アミノ酸肥料6）

BLOF資材の元肥量（1m^{2}当たり）

アミノ742	ソイルメイク23	ソイルメイク11
51g	500g	160g
カルシウム	**マグネシウム**	**クワトロネオ**
100g	60g	30g

※サツマイモでは追肥は行いません。

サツマイモの苗の植え方

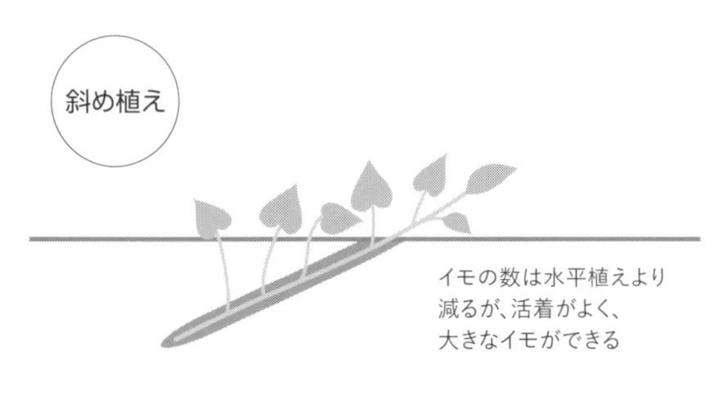

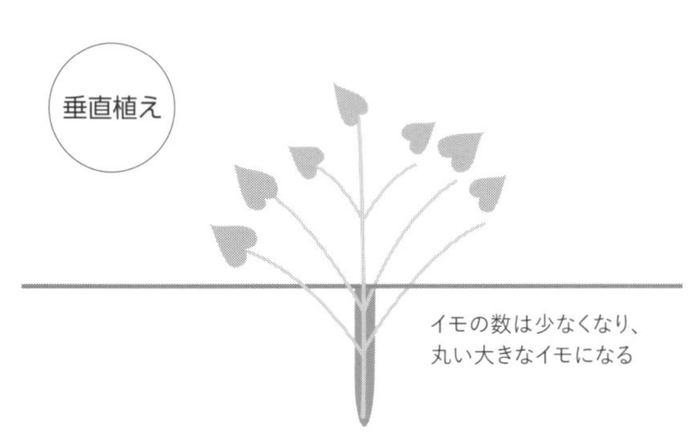

水化物を十分に供給して初期生育をよくし、地上部のつる止まりを早くすることが大切。肥大期にチッソ分が多いと、葉ばかり繁りイモが太らなくなる「つるボケ」を起こします。

チッソは最初に効かせて、イモの肥大期にはチッソが切れるような生育に持っていくことが、よいサツマイモつくりのポイントです。

追肥は基本的に必要ありませんが、肥料の流れやすい砂質土壌では、収穫の1カ月ぐらい前に、チッソ量で1g/m^{2}程度（チッソ率7％のアミノ酸肥料なら約14g）を追肥します。

《植えてから2カ月は土を乾かさない》

初期生育での水不足は、サツマイモがスジっぽくなる原因になります。植えてから2カ月は土を乾かさず、常に湿っているようにします。マルチをする場合は小さい穴を定間隔であけて雨水が浸透するようにするとよいでしょう。

ミネラルがしっかり効いたサツマイモは、甘く、おいしく、通常お店で売られているサツマイモよりもはるかに栄養価が高くなります。ただし、カルシウムやマグネシウムが多すぎると、硬く甘みの少ないサツマイモになりやすくなります。ミネラルは、元肥で必要量を入れれば、追肥の必要はありません。

《苗の植え方》

サツマイモの苗の植え方には、おもに、「水平植え」、「斜め植え」、「垂直植え」があります。水平植えがもっともイモの数が多くなりますが、イモのサイズは小さめです。

斜め植えは活着しやすく、水平植えよりイモの数は減りますが、大きく育ちます。垂直植えでは、さらに数が少なくなり、丸く短い大きなイモになります。

ナガイモ、ジネンジョ（自然薯）

生育期間が長いので、追肥をこまめに

◆基本データ
科名：ヤマノイモ科
食用部分：根、むかご
適応土壌pH：6.0〜6.5
発芽適温：15〜25℃
生育適温：15〜25℃
病害虫：ヤマイモハムシ、アブラムシ、ヤマノイモコガ、ハダニ、コナガ、葉渋病、青かび病、炭そ病など

《つるを上に伸ばして育てる》

ヤマイモの種類には、ナガイモ、ツクネイモ、イチョウイモ、ジネンジョ（自然薯）などがあり、これらを総称して「ヤマイモ」と呼びます。栽培のポイント、施肥の考え方はそれぞれ同じです。

ヤマイモの多くは中国原産で渡来したものですが、ジネンジョは日本原産で、味がよく粘りが強いのが特徴。家庭菜園では、根があまり長くないツクネイモやイチョウイモ、短形タイプのジネンジョが栽培しやすくおすすめです。つるが旺盛に伸びるため、支柱に絡ませて上に伸ばして育てます。

秋に地上部に実るむかごを植えても栽培できますが、

元肥で入れるチッソの純粋量（1m^{2}当たり）
15〜25g（推奨割合 堆肥6：アミノ酸肥料4）

BLOF資材の元肥量（1m^{2}当たり）

アミノ742	ソイルメイク23	ソイルメイク11
143g	1,000g	1,00g
カルシウム	マグネシウム(ブルーマグ)	クワトロネオ
200g	90g(126g)	30g

追肥（1m^{2}当たり）

アミノ742		
40g		
カルシウム	マグネシウム	クワトロネオ
20g	30g	20g

収穫できるようになるまで3年以上かかるため、タネイモから育てるのが基本。タネイモを植える深さは10～15cm程度です。

《元肥は地表から20cm程度まで》

ナガイモ、ジネンジョは、長いものでは1m以上になりますが、肥料を吸収する根の分布は地表から20～30cm程度です。地下へ長く伸びるからといって、深いところに肥料を入れるは誤りで、元肥は20cm程度までに施せば、雨で浸透し、吸収されます。

イモを太らせようとして土の深くに肥料を入れても、吸収できないため無駄になります。しかも、イモの周囲にチッソ分があると、表皮が腐ったり、病害虫の発生を招きます。

《元肥は少なめ、追肥で太らせていく》

初期はタネイモの養分を使って生長し、その後、根ができると肥料養分の吸収が盛んに。葉が繁ってくると光合成が活発になり、イモの肥大が進みます。

肥料がたくさん必要になるのは、吸収根ができてから。栽培期間の長いナガイモ・ジネンジョでは、少量多回数で追肥を行っていきます。葉が小さくなり、節間が狭まってきたら追肥のサイン。1回の追肥で3g/m^2が目安です（チッソ率7%のアミノ酸肥料の場合、約40g）。2回目は、1回目の3週間後が目安。なお、追肥は7月末までには終えて、チッソ肥効がイモの肥大期にずれこまないようにします。

《葉の照りが落ちてきたらミネラル不足のサイン》

微量要素の要求量が多い野菜です。地中深くに根が伸びるため、とくに鉄が重要。また、マンガンは光合成になくてはならないミネラルで、カルシウム、ホウ素は、イモの表皮をしっかりさせ、病害虫の攻撃から守る働きをします。

生育が進み、盛んに葉を出すようになり始めると、根の養分吸収量も増えます。ピカピカと光沢のある葉なら健康の証し。ツヤ、照りがなくなってきたら、ミネラル不足のサインです。すぐに水溶性のミネラルを追肥しましょう。ミネラルが不足すれば光合成力が落ち、病気や害虫の被害に遭いやすくなります。

ジネンジョのむかご。秋になるとできる

むかごはむかごご飯として楽しめる。バターで炒めてもおいしい

ジネンジョのとろろご飯。ナガイモとは粘りが違う

サトイモ

孫イモをつくらない栽培で良質のイモに

◆基本データ
科名：サトイモ科
食用部分：茎（球茎）、葉柄（ズイキ）
適応土壌pH：6.0～6.5
発芽適温：15～30℃
生育適温：25～30℃
病害虫：アブラムシ、ハスモンヨトウ、ハダニ、疫病、乾腐病、モザイク病など

肥料の設計➡ナガイモと同じ（99ページ）

《葉を大きくしてから養分を貯め込む》

熱帯アジア原産で、高温多湿を好む野菜です。葉の面積が大きく、カラダの水分が水蒸気として多く放出されるため、たくさんの水を必要とします。とくに、子イモが肥大する時期には多くの水が必要。夏の水不足は大敵なので、株元にマルチをして乾燥を防ぎます。

大きな葉を広げたあと、葉柄の基部が肥大して親イモをつくり、そのまわりに子イモ、孫イモがつきます。イモは茎が肥大したものです。

栽培のポイントは、まず初期の肥効を高め、大きな葉をつくること。葉が大きくなることで、光合成の量、養水分の吸収量が高くなります。

イモが肥大を始める頃には、チッソは最低限まで切れるようにして、盛んな光合成でつくられる炭水化物をイモに貯め込むようにします。

《孫イモはつくらない》

サトイモは、有機物が多く、保水性のある肥沃な土壌を好みます。乾腐病やセンチュウなどの被害も出やすいので、放線菌やバチルス菌が増殖した堆肥をたっぷり施して、土壌病害虫を抑制し、団粒構造をつくって保水性をアップさせます。できれば短期間でも太陽熱養生処理を行いましょう。

サトイモの高品質、多収穫を狙うには、元肥で初期の肥効を高めること。初期生育のよさ、初期からの光合成力の高さで、子イモの数も決まります。

重要なポイントは、子イモができた段階でチッソを吸い切るような生育に持っていくことです。欲張ってチッソを与えすぎて孫イモまでつくると、子イモがスジっぽくなり、先がとがっておいしくなりません。

子イモをおいしく充実させるために、できるだけ孫イモはつけないように、チッソは自然と切れていくようにして、炭水化物をしっかりイモに貯め込むようにします。

サトイモのチッソ追肥は原則不要です。肥料が流れやすい砂質土などでは追肥を行うこともあります。

《マグネシウム不足に注意》

サトイモは栽培期間が長く、吸肥力が強い野菜です。なかでもマグネシウムは生育中に不足しやすいミネラルです。葉の色が黄色くなる、枯れてくるといった症状が見られたら、水溶性マグネシウムを30ｇ程度追肥します。その他のミネラルも減りやすいので、カルシウムや微量要素ミネラルも一緒に追肥するとよいでしょう。とくに鉄は吸収されやすいミネラルで、欠乏すると根が張らなくなります。また、サトイモはカリを多めに入れることで、多収穫を狙うことができます。

サトイモは霜に当たるとすぐに葉が枯れる。本格的な寒さが始まる前に収穫を

ショウガ

ミネラル追肥で薬効成分アップ

◆基本データ
科名：ショウガ科
食用部分：茎（根茎）
適応土壌pH：6.0〜6.5
発芽適温：25〜30℃
生育適温：25〜30℃
病害虫：ヨトウムシ、アオムシ、コナガ、ウイルス病、腐敗病、センチュウなど

《栽培期間が長く、乾燥に弱い》

春に植えて秋に収穫できるショウガ。地温15℃以下では枯れてしまうため、植えつけは遅霜の心配のない4月下旬〜5月の連休明けが目安です。

芽が出るのはタネショウガを植えてから約1カ月後。葉が出ると光合成を行い、炭水化物を地下の根茎に貯めながら肥大していきます。

《水はけがよく保水性もある土にする》

ショウガがよく育つ土の条件は、軟らかで保水性のある土であること。ただし過湿には弱いため、同時に水はけのよい土であることが重要です。

水はけがよいのに保水性もあり、さらに通気性もよい土。一見矛盾しているようですが、こうした条件を備えるのが土壌団粒の発達した土です。太陽熱養生処理を行い、土壌団粒をつくるのと同時に、土壌病害虫を抑制しておくことがおすすめです。

《ショウガの元肥と追肥》

ショウガの栽培は、日照量が多く、光合成が盛んな時期です。地上部の葉を繁らせると同時に、根茎をつくり続けるように肥効を維持するよう追肥をします。チッソ切れのサインは、地上に出てくる芽の出方が悪くなってくること、また地上部の高さがそろってくることです。

1回目の追肥は、収穫の2カ月ほど前で、チッソ量は3g/m²程度（チッソ率7%のアミノ酸肥料の場合約40g）。その後も、チッソ切れの兆候が見えたら、追肥を行います。追肥の際、葉の色が黄色くなってきた、枯れてきたなどの兆候が見られるようなら、ミネラルも追肥します。

なお、夏に乾燥が続くと根が太らなくなるため、株元には敷きワラなどをし、乾燥を防ぎます。

元肥で入れるチッソの純粋量（1m²当たり）
15〜20g（推奨割合 堆肥6：アミノ酸肥料4）

BLOF資材の元肥量（1m²当たり）

アミノ742	ソイルメイク23	ソイルメイク11
114g	800g	800g
カルシウム	**マグネシウム(ブルーマグ)**	**クワトロネオ**
200g	90g(126g)	30g

追肥（1m²当たり）

アミノ742		
40g		
カルシウム	**マグネシウム**	**クワトロネオ**
20g	30g	20g

《ミネラルの追肥も忘れずに》

ショウガの辛み成分には体を温める働きがあります。風邪の予防や冷え症の改善など、もともと薬効のある植物として栽培されてきたショウガは、ミネラル類も多く必要とします。

とくに鉄が十分にあると根が伸びやすくなり、周囲の養水分を吸収しやすくなります。光合成を司るマグネシウム、マンガンも重要。硫黄はショウガの香りや味をよくする効果があります（水溶性ミネラル肥料に含まれる）。カルシウムを多めに与えると、病害虫への耐性が増します。

果菜タイプ

BLOFなら1本から100個以上とれる

◆基本データ
科名：ナス科
食用部分：果実
適応土壌pH：6.0～6.5
発芽適温：25～30℃
生育適温：23～30℃
病害虫：アブラムシ、ハダニ、ミナミキイロアザミウマ、青枯病、うどんこ病、半身萎凋病など

《生育がよければ2m以上に伸びる》

ナスは高温多湿が大好きで、肥料も水もたくさん必要とする野菜です。根が強くないと十分な水を吸収できず、収穫量も品質も上がりません。家庭菜園で、何度挑戦してもうまくいかないという人は、まず土つくりを見直してみましょう。ナスがよく育たない土は、硬くて根が張れない、排水性が悪く、根が十分な呼吸ができないことがほとんどです。

BLOFでよく栽培できれば、ナスの木はとても大きくなり、2m以上にもなります。1本の苗から、100～120個のナスの収穫も十分可能。家庭菜園のスペースがせまくても、十分な収穫が得られます。

そんなナスを育てるには、なにより団粒構造が発達した土つくりが先決。ナスは土壌病害虫も多いので、太陽熱養生処理でしっかりと土つくりを行っておきます。土が硬くて根が深く張れないと、葉の一つひとつが小さくなります。

葉が大きく、葉の数も多いナスは、光合成の能力が高く、おいしいナスをたくさん実らせてくれます。

BLOF理論で育てて、1つの節に5つの蕾がついたナス

元肥で入れるチッソの純粋量（1m^{2}当たり）
18～25g（推奨割合 堆肥6：アミノ酸肥料4）

BLOF資材の元肥量（1m^{2}当たり）

アミノ742	ソイルメイク23	ソイルメイク11
143g	2,000g	1,000g
カルシウム	**マグネシウム(ブルーマグ)**	**クワトロネオ**
200g	90g(126g)	30g

追肥（1m^{2}当たり）

アミノ742		
70g		
カルシウム	**マグネシウム**	**クワトロネオ**
20g	30g	20g

《追肥で長期多収穫に》

寒さに弱いので、中間地では気温が上がるゴールデンウィーク以降に苗を植えつけます。

ナスを多収穫するためには、最初は木づくりが最優先です。一番果（最初につく果実）から三番果までをごく小さいうちに収穫すると、多収穫をねらえます。

長期間収穫を続けるということは、栄養生長と生殖生長を同時に続けていくということ。そのためには、チッソと炭水化物の量が釣り合っていることが重要になります。どちらか一方だけが多くても花数は少なくなり、収穫は少なくなります。

また、生育中一度でも肥料切れや水不足を起こすと、その後の生長や木の勢い、実のつきも悪くなるので注意しましょう。定期的な追肥と、剪定で残す枝を選んで樹勢を保てば、11月まで収穫を続けられます。

追肥の1回当たりの目安は、チッソ量5g/1m^2（チッソ分7％の肥料なら約70g）。実がつき始めたら、10～14日に一度追肥を行います。

《追肥のときに乳酸菌と酵母菌を一緒にまく》

大量の水が必要なナスは、一方で酸欠にも弱く、過湿になれば根腐れを起こします。また、与えた有機質肥料は、常に水に濡れている状況なので、腐敗しやすくなります。

そこで、アミノ酸肥料を追肥するときには、酵母菌や乳酸菌と、菌のエサとなる中熟堆肥を一緒に使うことが効果的です（77ページ参照）。

《カリを多めに》

カリを通常の20 ～ 30％増しにすると、柔らかな実を多収穫できるようになります。追肥として草木灰を少しまくのもいいでしょう。また、カルシウムが不足すると腐りが出やすく、とくに暑い時期のカルシウム不足は厳禁。微量要素ミネラルも全般的に多く必要とするので、アミノ酸肥料の追肥のたびに与えます。

トマト

チッソ控えめ、炭水化物優先で株長持ち

◆基本データ
科名：ナス科
食用部分：果実
適応土壌pH：6.0～6.5
発芽適温：25～30℃
生育適温：25～30℃
病害虫：アブラムシ、コナジラミ、ハモグリバエ、青枯病、うどんこ病、葉かび病など

《中熟堆肥をたっぷり与えて炭水化物優先に》

トマトは強い日差しと、昼夜の寒暖差が激しい乾燥気味の気候を好みます。栄養生長と生殖生長が定植時から継続するため、よいトマトを安定して収穫するには、養分を安定して供給し続ける必要があります。

生育のイメージは「常に炭水化物が余る」こと。チッソが多いと、光合成によってつくられる炭水化物がカラダを大きくする生長に回ってしまい、木は大きくなっても、肝心の果実が少なくない「つるボケ」が起きます。

チッソを生育維持する最低限に抑えれば、花数が多くなり、実の肥大、栄養分や甘みの増加に、豊富につくられた炭水化物を使うことができます。

このような生育を実現するには、元肥に中熟堆肥をたっぷり与えてC/N比の高い状態を維持すること、さらに、光合成がしっかり行えるように、十分なミネラルを与えることが大切です。

元肥で入れるチッソの純粋量（1m²当たり）
【大玉・中玉8～10g／ミニ10～12 g】
（推奨割合 堆肥7：アミノ酸肥料3）

BLOF資材の元肥量（1m²当たり）

アミノ742	ソイルメイク23	ソイルメイク11
大玉・中玉43g／ミニ69g	2,000g	480g
カルシウム	**マグネシウム(ブルーマグ)**	**クワトロネオ**
200g	90g(126g)	30g

追肥（1m²当たり）

アミノ742		
30g		
カルシウム	**マグネシウム**	**クワトロネオ**
20g	30g	20g

《水を切ったほうがいい？》

トマトは水を切ったほうが甘くなる、とよくいわれます。しかし、極端に水分が不足すれば、樹勢を弱め、病気や害虫を招いてしまいます。木も短命になります。作物の健康な生育には活発な光合成を行えることが大前提。水は光合成の材料です。

一般的な節水栽培には水を切ることで果実の水分を制限し、味を濃くするという目的もあるのですが、アミノ酸肥料なら土から炭水化物を補うことができるので、甘さも出ます。樹勢とおいしさを両立することは、決して不可能なことではありません。

《追肥は葉の様子を見ながら加減》

チッソは多すぎても少なすぎてもいけません。長く健康な生育を維持し、収穫を続けるためには、チッソを維持しつつ、炭水化物が上回っている必要があります。

チッソの量が適切かどうかを見るためには、上から4枚目の葉が目安になります。トマトの葉は、チッソが多いと、葉の主要部分が盛り上がるように巻いてきます。チッソが少ないと平らになり、さらに少なくなってくると、葉脈がへこんで葉の縁が上を向いてきます。盛り上がる、平ら、へこむ、の3段階のうち、平らな状態を維持することが、チッソ施肥のポイント。

1回目の追肥の目安は、1段目の果実が膨らんできた頃。その後は3段目、5段目と、奇数段の花が咲いた頃が目安です。追肥は根元にやらず、株元から20cm程度離した、吸収根のある上から与えます。葉の様子を見つつ、過不足のないように調節します。

トマトの尻腐れ。果実の底が腐ったような症状になる。カルシウム欠乏が原因

《カルシウム不足は予防が肝心》

トマトはカルシウム不足を起こしやすい野菜です。欠乏すると「尻腐れ」が起きやすくなります。また、鉄は、根張りに重要であるだけでなく、味をよくし、トマトの赤色を濃くするはたらきがあります。色が薄い、つやがないといったときは、鉄の不足が疑われます。アミノ酸肥料の追肥のたびにミネラルも追肥します。

ピーマン（トウガラシ、シシトウ）

苦みが少なく甘みのある果実がとれる

◆**基本データ**
科名：ナス科
食用部分：果実
適応土壌pH：6.0〜6.5
発芽適温：25〜30℃
生育適温：23〜30℃
病害虫：アブラムシ、ヨトウムシ、タバコガ、ハダニ、モザイク病、うどんこ病、青枯病、ウイルス病、疫病など

《BLOFなら苦み少なく食べやすい》

トウガラシのうち、丸く肥大して辛みがないものを「ピーマン」、辛味のある種類を「トウガラシ」と呼びます。シシトウはピーマンとトウガラシの中間的存在で、辛みのないトウガラシの仲間です。

ナス科の野菜の中ではもっとも暑さを好みます。また、同じナス科の中でも、トマトよりナスに似ています。養分を切らさないよう、こまめな追肥で株を維持すれば、秋遅くまで長期収穫できます。次々と実をつけ、収穫量が多いのが特徴で、暑さにも病害虫にも強く、家庭菜園初心者でも育てやすい野菜です。

元肥で入れるチッソの純粋量（1m^{2}当たり）
18〜25g（推奨割合 堆肥7：アミノ酸肥料3）

BLOF資材の元肥量（1m^{2}当たり）

アミノ742	ソイルメイク23	ソイルメイク11
143g（64g）	1,000g	1,000g（700g）
カルシウム	**マグネシウム（ブルーマグ）**	**クワトロネオ**
200g	90g（126g）	30g

※ピーマンの場合。（ ）内はシシトウ・トウガラシ

追肥（1m^{2}当たり）

アミノ742		
60g		
カルシウム	**マグネシウム**	**クワトロネオ**
20g	30g	20g

「子供が嫌いな野菜」上位を占めるピーマンですが、BLOFの有機栽培で育てると、甘みがあり、苦み、えぐみの少ない、子供でも食べやすいピーマンに育ちます。

《追肥で秋までとる》

ピーマンの栽培期間は長く、多収穫のため、肥料の要求量が非常に多い野菜です。ピーマンでは、肥料切れと水切れは厳禁。

他の果菜タイプと同じように、栄養生長と生殖生長が同時に進みますが、節ごとに実を結ぶので、節間には適当な間隔が必要です。詰まってくると、果実が重なって形が悪くなり、収穫量も伸びなくなります。

つまり、実をつける生殖生長を行いながらも、常に芽が伸びているような栄養生長をするため、常に十分なチッソが必要なのです。

途中で土が硬くならないよう、植えつけ前には太陽熱養生処理でしっかり土つくりをしておくことが、よいものをとり続けるコツ。

生育初期は早めの若どりを心掛け、苗を大きく育てれば、秋まで収穫が可能です。

水分が多すぎると根腐れしますが、水不足は厳禁。乾燥しすぎると苦み、えぐみが増し、糖度も上がらず、おいしくないピーマンになります。

また、乾燥した状態ではカルシウムが吸収できなくなり、先端が腐ったようになる「尻腐れ」が発生しやすくなります。栽培中は、常に土を湿った状態に維持することが、おいしいピーマンを育てる秘訣です。

木の上部の芽の伸びが悪くなってきたら、追肥のタイミング。樹勢が弱くなると着果しにくくなり、実のつきも悪くなります。

1回目の追肥は1m^2当たり4g程度(チッソ率7%の肥料なら60g程度)。2回目以降も、木の様子を見ながら追肥を行います。収穫最盛期には、10～14日間に一度の追肥が必要です。肥料や土が腐敗しないように、追肥の際は、ナスと同じように中熟堆肥、酵母菌、乳酸菌をセットで与えるのがおすすめです(77ページ)。

《マグネシウムとカリが重要》

ピーマンはミネラル肥料も多く必要です。ピーマンの濃い緑は葉緑素。葉緑素の中心であるマグネシウムは、他の果菜タイプ以上に必要とします。

また、カリは作物を肥大させるミネラル。カリが少ないと、ピーマンがつぶれたような形になります。ただしカリ過剰になると、カルシウムが吸収されにくくなり、尻腐れになることがあるので注意します。

鉄、マンガン、ホウ素も、ピーマン(トウガラシ・シシトウ)では重要なミネラル。鉄が欠乏すると、やはりカルシウムの吸収力が低下します。

《風通しに注意!》

ピーマンでとくに大切なのは、風通しのよさ。吸収する水が多いため、吐き出す水蒸気も多く(蒸散)、空気の流れが悪いと蒸れやすくなって、病気や害虫の被害を招きやすくなります。

株の内側の葉にも光が当たるように、内向きの枝葉を間引くなどのせん定や整枝をして、十分な光合成を行えるようにしましょう。

BLOF理論で育てたピーマン。巨大で肉厚でツヤツヤ(高橋有希撮影)

パプリカ

雨よけ栽培がおすすめ

◆**基本データ**
科名：ナス科
食用部分：果実
適応土壌pH：6.0～6.5
発芽適温：25～30℃
生育適温：23～30℃
病害虫：アブラムシ、ヨトウムシ、タバコガ、ハダニ、モザイク病、うどんこ病、青枯病、ウイルス病、疫病など

《ピーマンより難易度は高い》

パプリカはピーマンの仲間ですが、栽培の難易度はぐっと上がります。ピーマンが未熟果で収穫するのに対し、パプリカは実を大きく育てて完熟果を収穫するためです。ピーマンが1株から100個以上の収穫を目指せるのに対し、パプリカでは一般的に、1株から10～15個もとれれば上出来といわれます。

また、ピーマンは開花から20日程度で収穫できますが、パプリカはその約3倍（開花後60日以上）。栽培期間が長いぶん、それだけ病害虫の被害にも遭いやすくなります。

ヘタのくぼみも大きく、そこに雨がたまると腐りが発生しやすくなります。プロ農家はハウスで栽培することがほとんどですが、家庭菜園で栽培する場合にも、支柱にビニールを張るなど、雨よけの工夫が必要です。

《実の重さ3倍、肥料も3倍》

ピーマンの重さは30g程度ですが,パプリカは100g以上になります。長い期間枝にならせて完熟まで生長させるパプリカは、株の負担も相当に大きく、パプリカ1つでピーマン3～4個分の肥料が必要です。

栽培のポイントは、基本ピーマンと同じですが、整枝を行って、花の数を制限することも大切な作業です。木を充実させるために最初の実は小さいうちに摘み取ります。

最初の追肥の目安は、一番果が膨らんできた頃。その後は、10日～2週間に一度を目安に追肥します。花が小さくなったり、茎の伸びが悪くなって節間が詰まってきたら追肥のタイミング。団粒構造を維持し、水溶性炭水化物を供給するために、堆肥の追肥も行いましょう。

元肥で入れるチッソの純粋量（1m²当たり）
18～25g（推奨割合 堆肥6：アミノ酸肥料4）

BLOF資材の元肥量（1m²当たり）

アミノ742	ソイルメイク23	ソイルメイク11
143g	1,000g	1,000g
カルシウム	マグネシウム(ブルーマグ)	クワトロネオ
200g	90g(126g)	30g

追肥（1m²当たり）

アミノ742		
50g		
カルシウム	マグネシウム	クワトロネオ
20g	30g	20g

《ミネラルは長く効く肥料を使う》

栽培期間の長いパプリカは、生育中にミネラルが欠乏し始めても急激な影響を受けないように、長く効くミネラル肥料を中心に与えます。マグネシウムは「ブルーマグ」、カルシウムは「ナチュラル・カルシウム」がおすすめ。

病害虫の被害に遭わないよう、施肥ではミネラル肥料を先に与えてミネラル優先を必ず守り、整枝によって風通しをよくしましょう。

キュウリ

コンパクトで厚みのある葉を目指そう

◆基本データ
科名：ウリ科
食用部分：果実
適応土壌pH：6.0〜6.5
発芽適温：25〜30℃
生育適温：22〜30℃
病害虫：アブラムシ、ハモグリバエ、ウリハムシ、ハダニ、べと病、うどんこ病、褐斑病、つる枯れ病、炭そ病など

追肥の設計➡ピーマンと同じ（105ページ）

《つくりやすいが病気に注意》

キュウリは未熟果を収穫するため、果菜類の中では収穫できるようになるまでの期間がもっとも短く、最盛期には次々と実をつけます。日本で栽培が始まったのは平安時代とされるほど古く、家庭菜園でも人気の野菜です。

ただ、うどんこ病やべと病にかかりやすいため、耐病性の強い品種を選ぶと育てやすいでしょう。病気にかかりにくくするには、株間を広めにとり、葉が混み合いすぎないようにして、風通しをよくすることが大切です。

元肥で入れるチッソの純粋量（1m^{2}当たり）
15〜20g（推奨割合 堆肥7：アミノ酸肥料3）

BLOF資材の元肥量（1m^{2}当たり）

アミノ742	ソイルメイク23	ソイルメイク11
86g	1,000g	933g
カルシウム	マグネシウム(ブルーマグ)	クワトロネオ
200g	90g(126g)	30g

キュウリの生育

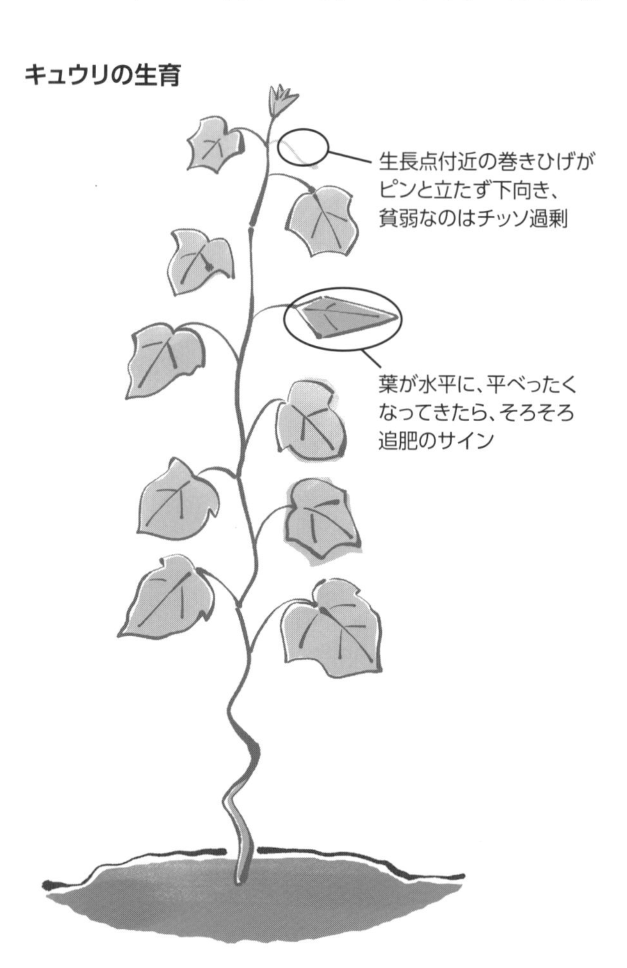

《太陽熱養生処理で深くまでふかふかに》

キュウリは根が浅く表層に多くあり、乾燥や、肥料の濃度障害などの影響を受けやすい特徴があります。よく育つ土の条件は、根が深くまで入れる軟らかい土であること、保水性、排水性、通気性が高く、根に十分な酸素を供給できることです。地表から20cmより下層に張る根まで呼吸できるようになれば、養水分の吸収力も上がり、良品多収ができるようになります。土壌病害虫の被害も受けやすいため、その予防のためにも太陽熱養生処理を行っておきます。

《追肥は堆肥も一緒に》

栽培期間が長いキュウリは、追肥でとる野菜といえます。注意点はチッソ優先になりやすい点。チッソ過剰では葉が薄く大きく、波打ったようになり垂れます。節間も長くなり（10cm以上）、べと病、うどんこ病にかかりやすくなります。

目指すのは、葉がコンパクトで厚く、照りがあり、一枚一枚の葉の出方が早く、節間も短いこと。そんな生

育になれば、品質のよい実がたくさん収穫できます。

葉が水平に、平らになってきたら追肥のサイン。追肥の1回当たりの目安は、チッソ量4g/1m^{2}程度（チッソ分7％の肥料なら約60g）です。追肥の際は、ミネラル肥料を先に与え、アミノ酸肥料には中熟堆肥を3割程度混ぜて与えます。

《カルシウムを多めに、カリを少なめに》

キュウリのミネラルでは、カルシウムを多めに、カリは少なめにするのがポイント。カリが多いと、キュウリが水っぽくなります。

BLOFの栽培ではキュウリの葉が初期から厚くてコンパクト

《夏まき秋どりもおすすめ》

春に苗を植え、夏に収穫するイメージが強いキュウリですが、時期をずらしてタネまきすれば、秋まで収穫できます。発芽適温が高いため、夏まきキュウリは生長が早く、短期間で収穫できるようになります。

春植えに比べ、栽培できる期間は短くなりますが、じっくりと実が大きくなるため、締まりのよいおいしいキュウリが収穫できます。

カボチャ（ミニ）

ミニの立体栽培なら場所をとらない

◆基本データ
科名：ウリ科
食用部分：果実
適応土壌pH：6.0〜6.5
発芽適温：25〜30℃
生育適温：20〜28℃
病害虫：ウリハムシ、うどんこ病など

栽培も調理もしやすく、家庭菜園で人気の野菜。通常のカボチャはつるが四方に伸びて這うので広い面積が必要ですが、ミニカボチャなら、支柱を立てて、つるを立体的に絡ませる方法で栽培できます。

土質をさほど選ばず、日当たりのよい場所ならよく育ちます。ミニカボチャは、畑なら1株から5～6個、プランターでは2～3個の収穫ができます。

《生殖生長へのスイッチ切り替えがはっきり》

カボチャは、「栄養生長」から「生殖生長」への切り替えがはっきりしている野菜です。初期にはつるを伸ばしながらカラダを大きくし、生長が止まってくると実をつくる生殖生長へとスイッチを切り替えます。

元肥で入れるチッソの純粋量（1m^{2}当たり）
10〜18g（推奨割合 堆肥6：アミノ酸肥料4）

BLOF資材の元肥量（1m^{2}当たり）

アミノ742	ソイルメイク23	ソイルメイク11
103g	1,000g	720g
カルシウム	マグネシウム	クワトロネオ
200g	90g	30g

※カボチャでは追肥は行いません。

品質のよいカボチャをつくるには、初期生育が重要。初期にしっかり根を伸ばし、コンパクトで厚く切れ込みの深い葉に育てることができれば、花がつく頃にはチッソがほどよく切れて生殖生長に切り替わり、光合成でつくられる炭水化物が実の肥大に使われるようになります。

《カビの病気は微生物の散布で抑える》

根を深く張るため、水はけが悪い土壌ではよく育ちません。まずは栽培前に太陽熱養生処理でふかふかの土つくりを行ない、同時に土壌病害虫を抑制しておくことが大切です。

また、カボチャは他のウリ科野菜と同様に、カビの仲間であるうどんこ病、べと病が大敵です。日陰や風通しが悪いと、大きな葉の裏に湿気がたまり、病気になりやすくなります。

栽培中は、納豆菌や放線菌の培養液を200倍に薄めて2～3週間に一度くらい葉面散布すると、カビを原因とする病気の予防に効果があります。ミニカボチャなら、立体仕立てで栽培できるため、土に葉が這うのと比べ、風通しもよくなり、病気にかかりにくくなります。

《堆肥を多めにしてチッソ肥効を維持》

栽培期間が長く、実の肥大、熟成までの時間がかかるカボチャは、スイカやメロンと比べ、N型の堆肥を多めに入れます。実をつけるようになってからも、カラダを維持するためのチッソを補うためです。

カボチャは基本的に元肥だけでつくりますが、保肥力の低い畑では、果実の肥大期に追肥を行います。追肥の目安は、チッソ量2g/1m^2（チッソ分7％の肥料なら約30g）。追肥する際は、ウネの肩に施します。

《ミネラルはしっかり効かせる》

カボチャは、キュウリなどのように未熟果を収穫する野菜と違い、子孫を残すタネまでつくり、完熟果を収穫します。そのため栽培期間も長く、ミネラルの要求量も多いのが特徴。

カルシウム、マグネシウムは、栽培初期から水溶性のものをしっかり効かせます。ミネラル肥料の追肥は行わず、元肥で必要量をしっかり施します。

《幼苗期のウリハムシに注意》

カボチャに発生しやすい害虫はウリハムシ。木が大きくなってくれば問題ありませんが、まだ苗が小さいうちに被害に遭うと、あっという間に葉をボロボロにされてしまい、その後の生育にも影響します。植えつけ後、すぐに防虫ネットをかけて守ってあげます。大きく生長し始めたら、ネットは外して構いません。

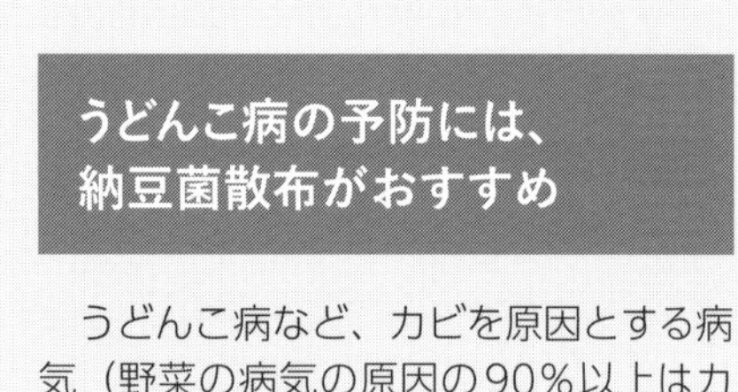

うどんこ病など、カビを原因とする病気（野菜の病気の原因の90％以上はカビの仲間）を予防するには、納豆菌を水で溶いて、霧吹きなどで葉面、地面に散布するとよいでしょう。

家庭菜園なら、納豆のパックについたネバネバを100cc程度の水で溶いて、霧吹きで散布すれば簡単です（その場合、納豆のパックには、カラシやしょうゆが入らないようにしてください）。

ズッキーニ

早め早めの追肥で多収穫に

◆基本データ
科名：ウリ科
食用部分：果実
適応土壌pH：6.0～6.5
発芽適温：25～30℃
生育適温：23～30℃
病害虫：アブラムシ、ウリハムシ、うどんこ病、灰色かび病など

《未熟果を収穫》

カボチャの仲間で、別名「つるなしカボチャ」とも呼びます。カボチャが完熟果を収穫するのに対し、ズッキーニは未熟果を収穫する野菜。葉が非常に大きくなるため、株間は70cm程度と広めにとります。

低温期や雨続きなど、花粉を運んでくれる昆虫がいないときは、雌花の中心に雄しべの先端をこすりつけることで、確実に実ができます。1株だと雌雄同時に花が咲かず、受粉できないこともよくあるため、2～3株以上栽培すると安定した収穫ができます。

《元肥も追肥もたくさん必要》

野菜の中では、トウモロコシに次いで肥料食いの野菜。実をならせながら、栄養生長を続ける野菜のように育ちます。元肥、追肥ともに多くのチッソを必要としますが、ミネラル肥料を先に与え、チッソは後から効かせる「ミネラル優先」を常に心がけましょう。チッソが優先的に吸収されてしまうと、病害虫を招いたり、収穫量の減少につながります。

《太陽熱養生処理でカビ予防》

ズッキーニの葉は非常に大きく、地表面が日陰になるため、カビを原因とする病気が発生しやすい野菜です。

土づくりの段階で、土壌病害虫に対抗できる放線菌や納豆菌（バチルス菌）の増殖した中熟堆肥を施して、太陽熱養生処理を行っておくことが大切です。水はけをよくするよう、ウネは高くして栽培します。

元肥で入れるチッソの純粋量（1m²当たり）
20～25g（推奨割合 堆肥6：アミノ酸肥料4）

BLOF資材の元肥量（1m²当たり）

アミノ742	ソイルメイク23	ソイルメイク11
143g	1,000g	1,000g
カルシウム	**マグネシウム(ブルーマグ)**	**クワトロネオ**
200g	90g(126g)	30g

追肥（1m²当たり）

アミノ742		
60g		
カルシウム	**マグネシウム**	**クワトロネオ**
20g	30g	20g

《追肥は早め早めに》

ズッキーニの追肥は、早め早めに行います。追肥が遅れると葉の伸びが悪くなり、収穫量も増えません。

最初の追肥のタイミングは、最初の果実の収穫が始まった頃。その後は10日～2週間に一度追肥を行います。追肥1回あたりの目安は、チッソ量4g/1m²（チッソ分7%の肥料なら約60g）です。

ズッキーニの根は浅く広く広がります。ウネからはみ出た地中にも根が広がるので、水や肥料はウネの肩から通路にかけて与えます。

アミノ酸肥料は、カビのエサにもなります。追肥の際には、放線菌や納豆菌などの有用微生物が増殖した中熟堆肥をアミノ酸肥料に1～2割混ぜます。アミノ酸肥料を与える1～2日前にミネラル肥料も与えます。なお、80種以上ともいわれるミネラルを含む海藻肥料の活用もおすすめです。

スイカ（小玉）

家庭菜園には小玉スイカの立体栽培がおすすめ

◆基本データ
科名：ウリ科
食用部分：果実
適応土壌pH：5.5〜6.5
発芽適温：25〜30℃
生育適温：25〜30℃
病害虫：ヨアブラムシ、ウリハムシ、ハダニ、ヨトウムシ、うどんこ病、つる割病、べと病など

《12節以上の高い位置に実をつける》

重さ2〜3kgの小玉スイカは、支柱を立ててつるを上部に巻きつかせ、立体的に栽培することで、せまいスペースやプランターでも栽培できます。畑なら1株から2〜4個、プランターなら1個の収穫が目標です。

栽培の基本的な考え方、管理の仕方は、カボチャを参照してください。収穫の目安は、開花後の受粉から40日前後です。

おいしいスイカを収穫する重要なポイントは、12節以上の高い位置に着果させることです。雌花は最初、7〜8節目につくことが多いのですが、この位置にできるスイカは、実が育っても小さく、皮が厚く、味も薄くなります。最初に受粉して膨らんできた雌花が低い位置にあるときは、もったいない、かわいそう、と思わず、思い切って切り取りましょう。

2番目、3番目についた雌花（12〜15節）の中から、高い位置にある雌花を選び、人工授粉させます。受粉日をテープに書いて貼っておけば、とりどきを逃さず、もっとも甘くおいしいタイミングでスイカが収穫できます。

《実をつける頃にはチッソが切れるように》

スイカは、カラダを大きくする栄養生長と、実をつける生殖生長がすっきり分かれるタイプの野菜です。

初期の生育がよいと、節間が短くなり、葉は厚く大きく育ちます。肥料養分の吸収量も上がり、花をつける頃には適度にチッソが切れて、スムーズに実をつけられるようになり、糖度も上がります。

元肥で入れるチッソの純粋量（1m^2当たり）
【大玉8〜12g／ミニ8〜10 g】（推奨割合 堆肥6：アミノ酸肥料6）

BLOF資材の元肥量（1m^2当たり）

アミノ742	ソイルメイク23	ソイルメイク11
100g(86g)	500g	320g(270g)
カルシウム	**マグネシウム**	**クワトロネオ**
200g	90g	30g

※大玉の場合。( ) 内は小玉の場合
※スイカでは追肥は行いません。

《甘みを増す元肥の与え方》

スイカの元肥では、初期スタートをよくするため、水溶性で速効性のあるアミノ酸肥料を使います。生殖生長期には、カラダを維持する最低限までチッソを切らすことが、甘くおいしいスイカを栽培するコツです。長効きするチッソを持った堆肥が多いと、生殖生長へのスイッチ切り替えがうまくいかず「つるボケ」し、花がつきにくく落花しやすくなります。このため、元肥で入れるチッソはアミノ酸肥料から6、堆肥から4の割合で入れます。

《基本的に追肥は不要》

スイカでは基本的に追肥は必要ありません。ただし、保肥力が低い畑で花落ちが見られるようなら、チッソ量2g/1m^2（チッソ分7％の肥料なら約30g）程度を追肥します。

また、スイカの栽培では、病害虫への抵抗力をつけるため、カルシウムを多めに与えます。ただし与えすぎると実が硬くなりすぎることがあるので注意。

メロン

ミネラルを効かせて、甘く香り高い果実に

◆**基本データ**
科名：ウリ科
食用部分：果実
適応土壌pH：5.5〜6.5
発芽適温：25〜30℃
生育適温：25〜30℃
病害虫：アブラムシ、ハモグリバエ、ハダニ、ウリハムシ、つる割病、うどんこ病、べと病など

《家庭菜園でもおいしくつくれる》

メロンの栽培方法はスイカとほぼ同じ。支柱を立ててつるを誘引し、立体仕立てにすれば、プランターでも育てられます。病気を出さない土つくりと、適切な施肥量、整枝、受粉といった作業をきちんと行えば、家庭菜園でも十分栽培できます。

乾燥した気候を好み、湿気は苦手。とくに梅雨の時期は雨よけすると効果的です。収穫目標は、畑では1株で3〜4個、プランターでは1〜2個です。

収穫前に水を切って糖度を上げる方法もありますが、水を切ると光合成量が減り、病気にもかかりやすくなります。肥大時期にチッソが抜けて、光合成が十分にできれば、水を切らなくても糖度は上がります。

《スタートをよくし大きな花を咲かせる》

土つくりで大切なのは、つる割病という根の病気を出さないようにしておくこと。納豆菌や放線菌が増殖したソイルメイク11などの中熟堆肥を使用して、太陽熱養生処理をしてから苗を植えつけます。ただ、ソイルメイク11は長効きするチッソを持っており、多すぎるとチッソの切れが悪くなります。そうなると、花芽がとんだり、病気を招いたり、実が大きくならない、甘くならないということが起きます。元肥に対する堆肥の割合は少なくし、追肥も行いません。

収穫前に急に株が枯れることがありますが、原因の一つは、着果負担が大きすぎること。高温や、乾燥、過湿で根が傷み、草勢が衰えてしまうことも原因として考えられます。雨よけをすると、梅雨時にも根を傷めずに、葉に雨が当たらないため、病気も発生しにくくなります。

元肥で入れるチッソの純粋量（1m^{2}当たり）
8〜12g（推奨割合 堆肥5：アミノ酸肥料5）

BLOF資材の元肥量（1m^{2}当たり）

アミノ742	ソイルメイク23	ソイルメイク11
103g	500g	320g
カルシウム	**マグネシウム**	**クワトロネオ**
200g	90g	30g

※メロンでは追肥は行いません。

また、メロンやスイカなど、つるが地を這う野菜のマルチには、敷きワラがおすすめです。ワラが水分を吸収するため、乾燥にも過湿にも対応できます。 ワラを敷くと、納豆菌などの有機物を分解する有用微生物が増え、土壌微生物も豊富になる効果があります。

《カリを少なめにして味を濃くする》

うどんこ病をはじめ、病害虫の多いメロンは、しっかりした葉づくりを行うために、各ミネラルを十分に効かせることが大切です。ただしカリが多いと、実は大きくなっても水っぽく、味が薄くなります。また、メロンは甘みだけでなく、香りも重要です。香りに関係しているのが硫黄ですが、硫黄が含まれる水溶性のミネラル肥料を使用すれば、必要量を補えます。

ゴーヤー（ニガウリ）

BLOFのゴーヤーは苦み少なめで食べやすい

◆基本データ
科名：ウリ科
食用部分：若い果実
適応土壌pH：6.0〜6.5
発芽適温：25〜30℃
生育適温：20〜30℃
病害虫：アブラムシ、ハダニ、青枯病、うどんこ病、立枯れ病など

ゴーヤーは南国生まれで、暑さに強い野菜です。独特の苦みがあり、ビタミンCや、カルシウム、マグネシウムなどが豊富。病気や害虫にも強く、あまり手がかからないため、初心者でも栽培しやすい野菜です。

BLOFで栽培するゴーヤーは、独特の嫌な苦みが消えて甘みが増し、ゴーヤーの苦手な人でもおいしく食べやすくなります。

《早めの収穫、整枝で株長持ち》

雌花は子づるに多くつくため、親づるは本葉7〜8枚の頃に摘心して子づるを伸ばします。放任でもよく育ちますが、過繁茂になると実がつきすぎて大きくならなかったり、葉が混み合いすぎて風通しが悪くなり、病気にかかりやすくなります。子づる3〜4本を残し、それ以外のわき芽は摘み取ります。

中長タイプなら20〜25cmで収穫。ゴーヤーは未熟な果実を食べる野菜です。とり遅れると黄色くなって食用に向かなくなるだけでなく、株を疲れさせてしまいます。

なお、早い時期に、雄花ばかりで雌花が咲かなくても心配する必要はありません。7月中旬以降が、本格的に雌花が咲き始める最盛期です。

《樹勢が強いので元肥少なめ、追肥をこまめに》

ゴーヤーは栄養生長と生殖生長が継続して続きます。もともと草勢が強いため、元肥の量は少なめにします。

元肥ではC/N比の高いC型堆肥を多めに入れて土壌団粒をつくり、保水性、排水性の高い土つくりをすることが大切です。太陽熱養生処理を行っておくと、長期収穫できます。

元肥で入れるチッソの純粋量（1m^{2}当たり）
8〜10g（推奨割合 堆肥7：アミノ酸肥料3）

BLOF資材の元肥量（1m^{2}当たり）

アミノ742	ソイルメイク23	ソイルメイク11
43g	1,000g	466g
カルシウム	マグネシウム（ブルーマグ）	クワトロネオ
200g	90g（126g）	30g

追肥（1m^{2}当たり）

アミノ742		
30g		
カルシウム	マグネシウム	クワトロネオ
20g	30g	20g

ゴーヤーの追肥は、一番果の収穫の頃から、10日〜2週間に1度行います。つるボケにならないよう、チッソはカラダを維持する最低限に抑えます。追肥の1回当たりの目安は、チッソ量2g/1m^2（チッソ分7%の肥料なら約30g）です。

《ミネラルも追肥を》

有機栽培では、全般的にミネラルの吸収量が非常に多くなるため、微量要素の欠乏にも注意します。

長い栽培期間中、カラダを維持しながら実をならせるゴーヤーは、根からの養水分の吸収も長く続きます。そのためには、根の呼吸に関するミネラル、鉄を切らさないことが肝心です

また、盛んに葉を茂らせるゴーヤーは、光合成量も多く、マグネシウム、マンガンが欠乏しがちです。下葉が枯れてくるのはマグネシウム欠乏のサイン、上の葉の色が悪くなってくるのはマンガン欠乏のサイン。すぐに速効性のある水溶性のミネラルを追肥します。

オクラ

2本仕立てで柔らかい実を多収穫

◆基本データ
科名：アオイ科
食用部分：果実
適応土壌pH：6.0〜6.5
発芽適温：25〜30℃
生育適温：20〜30℃
病害虫：アブラムシ、ハスモンヨトウ、ハダニ、カメムシ、うどんこ病、黒斑病、斑点病など

追肥の設計➡ピーマンと同じ（105ページ）

オクラは深く直根を伸ばすタイプで、高温と日当たりを好む、熱帯原産の野菜です。暑さには非常に強く、寒さには弱いため、栽培開始は十分に気温が上がる5月中旬以降から。それより早くタネまきする場合は保温が必要です。

《タネは一晩水につけてからまく》

オクラのタネは皮が硬いので、濡れた布やキッチンペーパーなどで包んで袋に入れ、白い根が少し出たのを確認してからタネまきすれば、確実に発芽します。

最終的に1本立ちする方法がよくとられますが、数cm離して2本立ちにすると、適度に株の勢いを抑え、オクラの実が早く大きくなりすぎるのを抑えられます。収穫量も大きく増えます。

オクラは花が咲いてから5～7日ほどで収穫適期になります。大きくなるとセンイが増えて硬くなり、味も落ちるので、長さ8cm程度の柔らかいうちに収穫します。早どりすると木も疲れず、多収穫になります。

《太陽熱養生処理で株が長持ち》

オクラは肥料食いの野菜です。長期間、連続して収穫する野菜のため、元肥は長くじわじわと効く堆肥を多めにします。

株が疲れやすいオクラは、定期的な追肥と、水切れを起こさないこと、土が硬く締まらないようにすることが大切。とくにオクラは根が深く、草丈も2m近くに伸びるため、深くまで軟らかく、通気性、保水性のよい土で育てるのが理想です。

また、オクラはセンチュウなどの土壌病害虫の被害も出やすいため、土壌団粒つくりと病害虫抑制のため、

元肥で入れるチッソの純粋量（1m^{2}当たり）
8〜13g（推奨割合 堆肥7：アミノ酸肥料3）

BLOF資材の元肥量（1m^{2}当たり）

アミノ742	ソイルメイク23	ソイルメイク11
56g	1,000g	600g
カルシウム	マグネシウム(ブルーマグ)	クワトロネオ
200g	90g(126g)	30g

太陽熱養生処理を行っておくことが効果的です。

《追肥で長く育てる》

追肥のタイミングの目安は、節間がそれまでの生長と比べて狭くなってきたのを確認したとき、または一番果を収穫したタイミングです。

収穫が始まる頃から、10日～2週間に一度のペースで追肥を行い、肥料切れでスタミナ切れにならないようにします。肥料切れを起こすと、生長が鈍くなり、節間が狭く、花が小さくなります。

追肥の1回当たりの目安は、チッソ量4g/1m^2（チッソ分7％の肥料なら約60g）です。収穫の最盛期に入り、次々と実をつけるようになったら、樹勢を見ながら追肥のタイミングを早めます。

オクラは他の果菜タイプと比べ、追肥が多いからといって花が咲かなくなる（つるボケ）心配はそれほどありません。ただし、チッソ過多になるとアブラムシなどの病気が発生しやすくなります。常にチッソに見合う量の炭水化物、ミネラルが必要です。

《真夏はカルシウム追肥を多めに》

長期栽培なので、アミノ酸肥料の追肥のたびにミネラル追肥も行います。とくに気温が高いときには、カルシウムを多めにして生育が締まるようにします。

イチゴ

ミネラル追肥で甘い実を長くとる

◆**基本データ**
科名：バラ科
食用部分：果実（花托）
適応土壌pH：6.0〜6.5
発芽適温：18〜23℃
生育適温：15〜20℃
病害虫：アブラムシ、ハダニ、ナメクジ、うどんこ病、灰色かび病、炭そ病、蛇の目病など

《一季なりと四季なりがある》

イチゴには、秋に植えて春～初夏に収穫する「一季なり」品種と、初夏と秋、年2回収穫できる「四季なり」品種があります。

スーパーなどで販売されているイチゴの多くは一季なり品種で、粒が大きく甘みが強いのが特徴。四季なり品種は小粒で酸味の多いイメージがありましたが、最近は四季なりでも甘く大きい品種が増えてきました。

どちらも家庭菜園、プランターで育てられます。

プロ農家のイチゴはビニールハウスで育てられることがほとんどですが、露地栽培で太陽の光をいっぱい浴びて育ったイチゴのおいしさは格別。

イチゴは多年草で、同じ株で2～3年収穫ができます。収穫が終わったら、「ランナー（ほふく枝）」と呼ばれる茎から伸びる新芽を土に根づかせ、子株を育てて次のシーズンの苗にします。

《なり疲れは養分不足》

花が次々と咲いて、果実を収穫しながら栽培が続くイチゴは、栄養生長と生殖生長を同時に行っていきます。収穫が進むにつれて樹勢が落ちてしまうことがよくありますが、いわゆるなり疲れ、中休みといった状態です。

イチゴ苗の定植

元肥で入れるチッソの純粋量（1m^{2}当たり）
15～20g（推奨割合 堆肥7：アミノ酸肥料3）

BLOF資材の元肥量（1m^{2}当たり）

アミノ742	ソイルメイク23	ソイルメイク11
86g	900g	933g
カルシウム	**マグネシウム（ブルーマグ）**	**クワトロネオ**
200g	90g（126g）	30g

追肥（1m^{2}当たり）

アミノ742		
50g		
カルシウム	**マグネシウム**	**クワトロネオ**
20g	30g	20g

原因は、元肥で与えた肥料分が吸い尽くされて、根が退化してしまうことです。品質のよいイチゴを多収穫するには、肥料切れを起こさないことがポイント。

長く肥効が効くように、元肥で入れるチッソは、堆肥から7、アミノ酸肥料から3の割合とし、追肥をしながら収穫を続けます。

《ふかふかの土を長く維持する》

イチゴは、乾燥、過湿を嫌います。栽培期間が長いため、なによりも優先したいのが土の物理性です。

秋の植えつけ前にはセンイの多いC型の中熟堆肥を施して太陽熱養生処理を行い、団粒構造の発達した、保水性、排水性のよい土つくりをしておきます。炭そ病、硫黄病、萎凋病など、イチゴの土壌病害を抑えることもできます。

《追肥のポイント》

イチゴ（一季なり）の発育サイクル

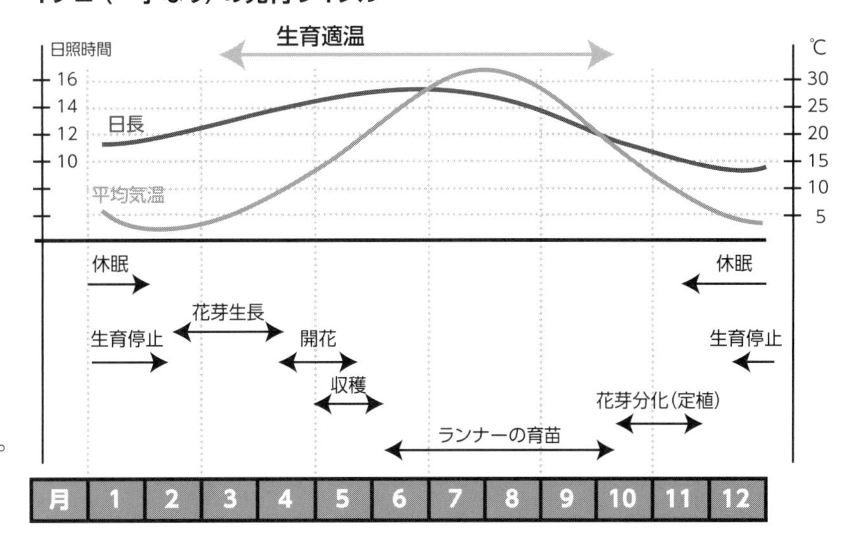

イチゴは、少量多回数で、早めの追肥をしていきます。春になると花房と呼ばれる花芽のついた茎が何度か出てくるのですが、最初の追肥の時期は、2回目に出てきた花房（第二花房）の収穫が半分ほど終わった頃で、チッソ量3～4g/$1m^2$（チッソ分7％の肥料なら約40～60g）です。なお、アミノ酸肥料を追肥する前には、ミネラル肥料もセットで追肥します。

2回目の追肥は、その約2週間後、第三花房の収穫の半ば頃、1回目と同量の追肥をします。この時期に追肥をしておかないと、イチゴの根が弱り、中休みに入ってしまいます。

イチゴは葉が繁り、マルチングも行うことが多いため、粒状での追肥が難しい場合は液肥で追肥します。液肥は、チッソが少なく、水溶性炭水化物の多いものが、イチゴの甘さを引き出すのに適しています（ジャパンバイオファームの「甘みの素」など）。

なお、四季なりでは秋にも実をつけますが、真夏の暑い時期は生育が止まり、花が咲かないため、いったん追肥は中止します。8月後半、ふたたび花が咲き始めたら追肥を再開します。

《ミネラルでイチゴを甘くする》

イチゴを甘くおいしく育てるには、ミネラルを不足なく効かせることがもっとも重要です。

カルシウムには、果実が傷みやすいイチゴの表皮を強くする効果とともに、カビを原因とする病気を防ぎ、イチゴの酸を中和して甘みを出す効果もあります。

また、葉緑素の中心であるマグネシウムは少し多めに効かせること。マンガンも光合成に関係するミネラルで、糖度を上げるために欠かせないだけでなく、不足すると葉の色が薄くなったりまだらになり、病気にかかりやすくなります。

その他に重要な微量要素としては、鉄、ホウ素、マンガン、銅があります。

《ミネラルも追肥を》

元肥で入れたミネラルは、最初にたくさん実をつける頃にはほとんど吸収され尽くしています。ミネラルが不足した状態でチッソばかり与えれば、病害虫を招き、甘み、品質の低下にもつながります。

とくに気温が高くなってから、チッソ優先で軟弱な生育、過繁茂、過湿といった悪条件が重なると、「灰色かび病」、「うどんこ病」などの被害に遭いやすくなります。

《イチゴ（一季節なり）の発育サイクル》

イチゴは9月下旬から11月中旬頃にかけて、秋の短日（日が短くなること）と気温の低下でクラウン（株元の短くて太い茎のことで、中に生長点がある）内部に花芽ができ始めます（平均気温6℃以上15℃以下）。徐々に休眠に入り、気温5℃以下では生育を停止、その後一定期間寒さに当たると休眠から目覚め、春、暖かくなると花芽が生長を始めます。

イチゴの花や実の数は、秋の花芽をつける時期の生育に左右されます。春になってからでは挽回できないため、秋の生育がとても大切なのです。

マメ類タイプ

エダマメ

生育初期に大きな葉をつくって多収穫

◆**基本データ**
科名：マメ科
食用部分：若い子実
適応土壌pH：6.0〜6.5
発芽適温：20〜30℃
生育適温：20〜30℃
病害虫:アブラムシ、カメムシ、マメシンクイガ、ハダニ、ナメクジ、ネコブセンチュウ、モザイク病、わいか病、べと病

エダマメはダイズを未熟なうちに若どりしたもの。栽培期間の長さを基準に「極早生(ごくわせ)」、「早生(わせ)」、「中生(なかて)」、「中晩生(なかおくて)」「晩生(おくて)」、5種の分類があります。晩生のものほど味がよくなる傾向がありますが、病害虫の被害も受けやすいので、初めてなら早生種を選ぶとつくりやすいでしょう。

もともとやせた土地で育つエダマメは、根に「根粒菌」がつき、土に含まれる空気からチッソを取り込んで供給してくれます。そのため、他の野菜よりもチッソ肥料は少なめにします。また、水を多く必要とし、保水性の高い土でよく育ちます。暑い時期はとくに乾燥に注意し、いつも適度な湿り気のある土にしておくことがポイントです。収穫後は急速に味が落ちるため、すぐにゆでましょう。

《株間は狭め、摘心で多収穫に》

株間15cm程度の密植でもよく育ちます。エダマメは根が浅いため、密植で支え合って育てることで、かえってしっかり育ちやすくなります。ただしそれ以上混み合いすぎると日の光が入らなくなり、生育が悪くなります。また、風通しが悪くなると、病害虫の被害に遭いやすくなります。

本葉4〜5枚になったら生長点を摘心し、わき芽を伸ばすと収穫量が多くなります。また、摘心すると背丈が低く抑えられるので、強風で倒れにくくなるメリットもあります。

《初期肥効をよくして大きな葉をつくる》

初期に肥効を効かせて厚く大きな葉をつくって光合成力を高め、実がつく頃にはチッソがスムーズに切れていくようにすることが理想です。

元肥で入れるチッソの純粋量（1m²当たり）
6〜8g（推奨割合 堆肥5：アミノ酸肥料5）

BLOF資材の元肥量（1m²当たり）

アミノ742	ソイルメイク23	ソイルメイク11
46g	600g	320g
カルシウム	**マグネシウム(ブルーマグ)**	**クワトロネオ**
100g	60g(84g)	30g

追肥（1m²当たり）

アミノ742		
20g		
カルシウム	**マグネシウム**	**クワトロネオ**
20g	30g	20g

ただし元肥のチッソが多すぎると枝や葉ばかりが繁り、花がつかない「つるボケ」を起こします。つるボケになると、実のつく位置は高くなり、実の数も少なく、収穫量も少なくなって、味も落ちます。

つるボケになりそうなときは、食酢を100倍に薄めて葉面散布することで生殖生長に向けることもできますが、元肥を入れすぎないことがまず大切です。

なおエダマメは、ミネラルを多く必要とします。なかでもカルシウム、マグネシウムが十分にあると、甘みが増します。

《根粒菌のつき具合で追肥の必要性をチェック》

実をつける時期になったら、試しに1本、平均的な株を抜いて根を見てみましょう。根粒菌がしっかりついていれば、追肥の必要はありません。根粒菌が少ない場合、またマメを太らせるために追肥を行う場合は、チッソ量1.5g/1m²（チッソ分7%の肥料なら約20g）程度を施します。

サヤインゲン

ミネラル・堆肥の追肥で長く収穫できる

◆基本データ
科名：マメ科
食用部分：若いサヤ
適応土壌pH：6.0〜7.0
発芽適温：20〜30℃
生育適温：20〜28℃
病害虫：アブラムシ、ハダニ、ネコブセンチュウ、うどんこ病、モザイク病など

サヤインゲンは、インゲンマメの若いサヤを食べる場合の呼び方で、完熟したマメを食べる場合は「インゲン」と呼ばれます。

つるあり種とつるなし種があり、つるなし種なら草丈50 〜 60cm、栽培期間も60日程度と短いため、プランターでも育てやすい野菜です。つるあり種は高さ2mほどに生長するため、支柱やキュウリネットなどで誘引します。つるあり種は栽培期間が長くなりますが、そのぶん収穫量も多くなります。

《元肥はアミノ酸肥料は少なめ、堆肥を多めに》

本葉4 〜 5枚から花芽分化が始まり、次々と実をつけていきます。生育初期から、カラダを大きくする栄養生長と、実をつくる生殖生長が並行して進みます。マメ類タイプの中では根粒菌がつきにくく、肥料を多く必要とする野菜です。栽培中はチッソを切らさないように追肥することがポイントです。途中でチッソが不足すると株が疲れ、生育が悪くなります。

元肥ではアミノ酸肥料を少なめにし、堆肥からの長く効くチッソを多めに与えます。同時に、センイの多い中熟堆肥から炭水化物を供給し、土の団粒構造も発達させて、根まわりに十分な酸素があるようにします。

初期生育で、炭水化物の量を多くすると、早い段階から花が咲きやすくなります。

また、栽培期間の長いつるあり種では、時間とともに土が硬く締まってきます。太陽熱養生処理をして、ふかふかの土にしておきましょう。

《堆肥も追肥しよう》

インゲンは、収穫が始まるとどんどん肥料を吸収するようになります。１回目の追肥は、収穫を始めて節間が詰まってきたら。チッソ量3g程度/1m^2（チッソ分７％の肥料なら約40g）が目安です。2回目以降は10日おきを目安に行います。

ただし、追肥を繰り返すとどうしても土が硬く締まってくるため、追肥の際に堆肥も100 〜 200 g /1m^{2}程度与えることで、土の団粒構造を維持する効果があります。

元肥で入れるチッソの純粋量（1m^{2}当たり）
6〜8g（推奨割合 堆肥7：アミノ酸肥料3）

BLOF資材の元肥量（1m^{2}当たり）

アミノ742	ソイルメイク23	ソイルメイク11
46g	800g	320g
カルシウム	**マグネシウム（ブルーマグ）**	**クワトロネオ**
200g	90g（126g）	30g

追肥（1m^{2}当たり）

アミノ742		
40g		
カルシウム	**マグネシウム**	**クワトロネオ**
20g	30g	20g

《ミネラルもたっぷり必要》

肥料食いのサヤインゲンは、チッソの吸収量が多い分、ミネラルの吸収量も多くなります。チッソ優先で軟弱な生育にならないよう、チッソ追肥に合わせて、その前日にミネラルの追肥も行います。

元肥で与えるカルシウムは、溶けやすい粉状と、長効きする粒状のものを半々で、マグネシウムは水溶性のものとク溶性のものを半々で施肥し、長効きさせます。微量要素はどれも切らさないように注意が必要です。

ラッカセイ

チッソ控えめ、カルシウム多めで多収穫

◆基本データ
科名：マメ科
食用部分：種子
適応土壌pH：6.0～6.5
発芽適温：20～30℃
生育適温：25～30℃
病害虫：カメムシ、アブラムシ、ハダニ、ヨトウムシなど

肥料の設計➡インゲンと同じ（119ページ）

花が終わると、花の根元から子房柄（しぼうへい）が下へ伸びて土の中にもぐり、地中でサヤをつくるラッカセイ。そのユニークな生育の仕方が「落花生」という名前の由来になっています。病気や害虫には比較的強く、家庭菜園初心者でも育てやすい野菜です。

粘土質の畑での栽培には向かず、水はけのいい、やや砂質土が適しています。日当たりのよい環境を好み、気温15℃以下では生育しなくなりますが、春の早い時期でも、トンネルをかければ栽培できます。

タネまき後の鳥よけ対策が必要なのは、エダマメなど、他のマメ類タイプと同じ。本葉が2枚出るまでは、不織布などをべたがけして、その上から水やりをします。

根がそれほど深くないため、標準型のプランターでも栽培できます。

栽培期間は長めで、タネまきから収穫まで約5カ月、開花後80～100日後が目安です。葉の一部が黄色く枯れ始めたら収穫します。

《太陽熱養生処理で土壌病害虫を予防する》

マメ類タイプの中でも、ラッカセイは土中に実がなる珍しい野菜。

子房柄が地中にもぐって先端にサヤができるため、土壌の病害虫に侵される危険も増えます。タネまき前に太陽熱養生処理を行い、水はけがよく、ふかふかの軟らかい土つくりをするとともに、できるだけ土壌病害虫を抑制しておきます。

《肥料は少なめに》

ラッカセイは、他のマメ類タイプと同じように根粒菌がつくため、元肥のチッソは少なめにします。

生育の前半は葉を伸ばしながら栄養生長を行い、光合成をしっかり行って炭水化物が余るようになると、花をつけ、マメを肥大させる段階に移行します。

花がつく生殖生長の時期にチッソ肥効が多いと、花が飛んだり実が少ない、充実しないといった「つるボケ」を起こします。長効きのチッソがいつまでもダラダラと効かないよう、堆肥の入れすぎに注意します。

《カルシウムが足りないと「空サヤ」ができる》

ラッカセイでとくに重要なのがカルシウムです。カルシウムには、根や、土中のサヤの表皮を硬くして、病害虫から守ってくれるはたらきがあります。また、カルシウムが不足すると、「空サヤ」も多くなります。

開花から収穫までは70～100日。葉の一部が黄色くなり始めたら収穫の目安です。長い生育期間中、光合成によってつくられる炭水化物をマメにしっかり貯め込むためには、マグネシウムを中心に、鉄、マンガン、亜鉛、銅、ホウ素といったミネラルが非常に大切です。

《追肥は2回》

栽培期間の長いラッカセイでは、追肥が必要です。1回目は花の蕾ができた頃。株元への土寄せと同時に行います。2回目は、1回目の追肥から2～3週間後に行います。

追肥量はそれぞれ、チッソ量2g/1m²（チッソ分7%の肥料なら約30g）程度です。前日にはミネラルの追肥も行っておきます。

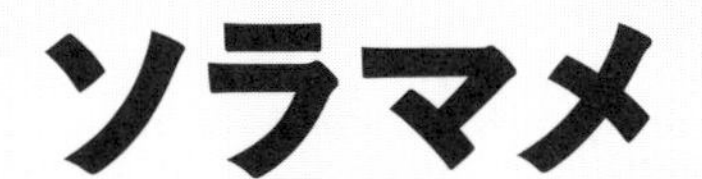

ソラマメ

とれたてが最高においしい

◆**基本データ**
科名：マメ科
食用部分：若い子実
適応土壌pH：6.5～7.0
発芽適温：20℃前後
生育適温：15～20℃
病害虫：アブラムシ、ハダニ、立枯病、茎腐病など

肥料の設計➡インゲンと同じ（119ページ）

ソラマメは、マメ類タイプの中ではとくに酸性土壌を嫌い、pH6.5 ~ 7.0でよく育ちます。

春まき、秋まきの作型がありますが、幼苗期に寒さに当たることで花芽ができるため、秋にまいて冬越しさせ、初夏に収穫する作型が一般的です。

収穫適期は短く、3日ほどしかないため、タイミングを逃さず収穫しましょう。エダマメと同様、とれたてが一番おいしいため、まさに家庭菜園向きの野菜といえます。

《寒い時期にしっかり根づくり》

発芽適温は20℃前後。寒くなりすぎてからでは芽が出ないため、タネまきは10月中旬から11月上旬までには行います（中間地）。

木が小さいうちは寒さにもよく耐えますが、本葉5～6枚頃から寒さに弱くなるため、早く大きくしすぎないように、タネまき適期を守りましょう。

厳寒期は霜よけのため、トンネルに寒冷紗をかけて冬越しさせます。

なお、ソラマメ、エダマメ、インゲンなど、マメ類タイプの大きなタネは、急激に水を吸うと発芽不良を起こしやすい特徴があります。土をしっかり湿らせてからタネをまいたら、発芽まで水やりは不要です。

《マメで一番の肥料食い》

ソラマメは栽培期間が長く、草丈が170cm以上も伸びる野菜で、マメ類タイプの中ではもっとも多肥を好みます。チッソもミネラルも多く必要で、不足すると多収穫は望めません。

寒い時期にしっかりと根づくりを行うことができると、春、暖かくなり始めてからのスタートダッシュがよくなり、多収穫、高品質につながります。

春になると側枝がどんどん伸び始めて、花芽をつけ、サヤが大きくなり、中のマメが肥大します。実をつける頃にチッソが多すぎると、収穫量、味を落とし、アブラムシなどの病害虫を招くので、注意が必要です。

《夏の太陽熱養生処理が効果的》

ソラマメは乾燥に弱く、常に湿り気のある土を好みます。とくにサヤが肥大する時期に水不足になると、収穫量も味も落ちてしまいます。ただし、ソラマメは根まわりの酸素も多く必要とするため、保水性、排水性ともによい土にしなければなりません。

そのためには、夏に太陽熱養生処理を行い、土壌団粒の発達した土つくりを行うこと、同時にカビの仲間であるフザリウム菌を原因とした立枯病などの土壌病害を抑制しておくことが大切です。連作障害が出ているような畑ではとくに効果的です。

《追肥は2回》

栽培期間が長く、養分の吸収量が多いソラマメでは、追肥が必要です。1回目の追肥は、最初の花が2～3個咲いた頃、チッソ量2g/1m^2（チッソ分7％の肥料なら約30g）を与えます。2回目の追肥は、その2週間後が目安です。

ミネラルの中でもカルシウムは不足しがちで、欠乏するとマメの表面にシミが出たり、新葉が内側に巻き込むように萎縮する症状が起きます。また、ホウ素欠乏症も出やすく、欠乏するとサヤの中の綿状（わたじょう）の組織が黒変する症状があらわれます。

サヤエンドウ

太陽熱養生処理で根の病気を防ぐ

◆基本データ
科名：マメ科
食用部分：若いサヤ、若い子実
適応土壌pH：6.0〜7.0
発芽適温：15〜20℃
生育適温：15〜20℃
病害虫：アブラムシ、ハモグリバエ、ネコブセンチュウ、うどんこ病、灰色かび病など

肥料の設計➡インゲンと同じ（119ページ）

サヤエンドウは、エンドウの未熟な若サヤを収穫するもので、サヤが薄いものをキヌサヤエンドウ、肉厚なものをスナップエンドウと呼びます。収穫の適期は、キヌサヤエンドウでは、マメの膨みが目立つ前、スナップエンドウは、マメが十分に大きくなってから。

秋にタネをまいて冬越しし、初夏に収穫するのが基本です。酸性の土壌を嫌い、冷涼な気候を好みます。秋（10月初旬から下旬）にタネをまく場合、冬越し前に本葉2〜3枚に育てます。11月の終わりから12月上旬にタネをまく場合は、トンネル支柱にビニールをかけて保温しながら、本葉2枚まで育てておきます。

幼苗は低温に強く、氷点下の低温に耐えますが、株が大きくなると寒さに弱くなるため、早まきは禁物です。冬越しの防寒対策には、トンネル支柱に寒冷紗などをかけます。

エンドウは根が深く、酸素の要求量も多いため、土が硬く締まっているとよく育ちません。プランターに植える場合は、やや深型のものを使います。

春まきでも栽培できますが、収穫量は少なくなります。また、収穫は初夏までなので、まく時期が遅くならないように注意しましょう。

《深い根を健康に育てる》

エンドウは170cmほどまで地上部が伸びるため、支柱で支えて栽培します。根は深く、1m以上も張ることがありますが、根の表皮は柔らかく、病害虫には強くありません。根が弱れば、養水分をよく吸収することができず、収穫量も品質も悪くなります。過湿にも弱く、水はけが悪いと湿害を受けやすくなります。

このため、太陽熱養生処理で深くまで土壌団粒を発達させ、土壌病害虫を抑制することが重要です。

《春からのスタートダッシュが決め手》

春になり、本葉4〜5枚の頃から巻きヒゲを出し、支柱などに絡みながら生長していきます。栄養生長と生殖生長が並行して進むエンドウは、春の初期生育をよくしてカラダを大きくし、実をつくる時期にはチッソが切れるような生育に持っていくことがポイントです。チッソが多すぎると実つきが悪くなるだけでなく、病害虫も多くなります。

《追肥には堆肥を混ぜる》

エンドウの1回目の追肥は、最初のサヤができた頃。次々と花が咲くため、2回目以降の追肥は2週間おきを目安に行います。追肥の1回当たりの目安は、チッソ量2g/1m^2（チッソ分7％の肥料なら約30g）。

土つくりがよくできていて、アミノ酸肥料、ミネラル肥料がよく効くほど花のつきも非常に多くなり、収穫量も増えます。収穫最盛期には、追肥の量を通常の1.5〜2倍程度まで増やします。

ただし、チッソが多すぎれば、病害虫を招くだけでなく、サヤが曲がったり、尻すぼみになるといった変形が起きることがあり、味も落ちます。チッソ、ミネラル、水溶性炭水化物のバランスが、常にとれていることが大切です。

カルシウムを多めに施すことで、根の表皮を硬く、強くします。他にマグネシウム、マンガン、鉄、カリ、亜鉛、銅、ホウ素なども重要です。アミノ酸肥料とセットでの追肥はもちろん、欠乏症の兆候が見られるようなら追肥で補います。

トウモロコシ（スイートコーン）

元肥で一気に育てる

◆基本データ
科名：イネ科
食用部分：若い子実
適応土壌pH：6.0〜7.0
発芽適温：25〜30℃
生育適温：20〜30℃
病害虫：アワノメイガ、アブラムシ、カメムシ、モザイク病など

《トウモロコシは肥料食いの王様》

トウモロコシはイネ科の植物で、野菜の中ではもっとも多く肥料を必要とします。糖度が高く、さまざまな品種がある「スイートコーン」が家庭菜園ではおすすめです。連作障害も出にくく、初めてでも栽培は難しくありません。もっともおいしいのは収穫直後で、その後は急激に糖度が下がっていきます。

肥料の吸収力が非常に強く、カルシウムやマグネシウムなど、養分が過剰になった畑のクリーニングにも使えるほどです。連作障害も出にくいため、栽培スケジュールに組み込みたい野菜です。

大きく充実した実を収穫するには、初期から大きな葉を伸ばし、茎を太くすることが大切。葉を次々と出してカラダを大きくし、光合成がしっかりできて炭水化物を貯めると、充実した雌穂が生長します。

《できれば追肥なしで栽培する》

実をつけ始めてからは水がたっぷり必要になるため、根をしっかり伸ばせるように、太陽熱養生処理を行って、土壌団粒の発達した土にしておきます。

基本的に追肥はせず、元肥だけで育てますが、肥料が十分にないと、実が大きくならなかったり、先端までぎっしりと実が入りません。元肥のチッソが足りない場合、追肥をすれば実が太りますが、雄穂（おすほ）の出始めに害虫のアワノメイガを呼びよせることにもなります。

砂質土など保肥力の低い畑や元肥だけでは足りなかった場合、追肥を行います。雌穂がつき始めた頃、チッソ量4g/1m^2（チッソ分7%の肥料なら約60g）を与えます。

生育後半ではマグネシウム不足が起きやすいため、注意が必要です。下のほうの葉から枯れてきたら、速効性のある水溶性のマグネシウムを追肥します。

元肥で入れるチッソの純粋量（1m^{2}当たり）
25〜30g（推奨割合 堆肥6：アミノ酸肥料4）

BLOF資材の元肥量（1m^{2}当たり）

アミノ742	ソイルメイク23	ソイルメイク11
171g	1,000g	1,200g
カルシウム	**マグネシウム（ブルーマグ）**	**クワトロネオ**
200g	90g（126g）	30g

追肥（1m^{2}当たり）

アミノ742		
60g		
カルシウム	**マグネシウム**	**クワトロネオ**
20g	30g	20g

《アワノメイガ対策は雄穂を8割とる》

トウモロコシの栽培で、必ずといっていいほど被害に遭うのが、アワノメイガです。雄穂や茎、雌穂（めすほ）に食い入り、実を台なしにしてしまいます。幼虫は雄穂に招き寄せられるため、雄穂が出たら、その８割を切り取ります。受粉が心配なら、自分で穂を軽く揺らしたり、雄穂をとって雌穂に花粉がこぼれるようにして人工授粉をします。雌花の根元が少し膨らんできたら、受粉できている証拠です。すべての受粉が確認できたら、残しておいた２本の雄穂も切り取ります。

《他の品種と一緒に植えない》

トウモロコシは花粉が風に運ばれて受粉する際、他の品種と交雑しやすい特徴があります（キセニア現象）。このため、トウモロコシは同じ畑で複数の品種を栽培しないようにします。

アスパラガス

一度植えれば10年以上収穫できる

◆基本データ
科名：キジカクシ科
食用部分：若い茎
適応土壌pH：6.0～7.0
発芽適温：20～30℃
生育適温：15～25℃
病害虫：アブラムシ、ハダニ、ヨトウムシ、茎枯病、紫モンパ病など

アスパラガスはギリシャ語が語源で「新芽」という意味です。一度植えつければ10年以上収穫が可能な多年草で、果樹に似た育ち方をします。

タネから栽培すると収穫まで3年以上かかりますが、大株の根株を植えれば、翌年から収穫が可能です。

長期間の栽培になるため、畑がせまい場合は、場所を独占し続けることも考え、植える場所を慎重に決めましょう。深型のプランターでも栽培可能です。

《根にいかに養分を蓄えられるか》

春から6月頃にかけて新芽を収穫し、その後は地上部を繁らせ、光合成でつくられた炭水化物を根に貯めていきます。冬から春にかけては休眠します。初夏から秋にかけて光合成を盛んにして、根にいかに養分を貯められるかが、もっとも重要なポイントです。

元肥は堆肥の割合を高くして有機物をしっかり入れ、植える前に太陽熱養生処理で団粒構造をつくり、納豆菌（バチルス菌）、放線菌といった有用微生物を繁殖させ、土壌病害虫をできるだけ抑えておきます。

《収穫後に「元肥」、夏～秋に追肥3～4回》

毎年収穫後に「元肥」を与えます。果樹の「礼肥」の考え方に近いといえます。BLOFの有機栽培でつくるアスパラガスは、ミネラルの吸収量も多く、栄養たっぷりに育ちます。収穫が終わる頃には、土の肥料養分はほとんど残っていないので、しっかり補う必要があります。大事なのは与える場所で、株元から20㎝以上離した、吸収根のある位置に施します。

収穫期が過ぎて霜が降りるまでは、3～4回に分けて追肥を行います。1回の追肥量はチッソ3～4g（チッソ7%の肥料なら約40～60g）、合わせて中熟堆肥を1～2割混ぜて与えます。また、春の新芽が出る一カ月ぐらい前にも追肥を行います。

元肥で入れるチッソの純粋量（1m^{2}当たり）
15～20g（推奨割合 堆肥6：アミノ酸肥料4）

BLOF資材の元肥量（1m^{2}当たり）

アミノ742	ソイルメイク23	ソイルメイク11
114g	2,000g	800g
カルシウム	マグネシウム(ブルーマグ)	クワトロネオ
200g	90g(126g)	30g

追肥（1m^{2}当たり）

アミノ742		
50g		
カルシウム	マグネシウム	クワトロネオ
20g	30g	20g

追肥ではミネラルを先に与え、チッソは翌日以降に。カルシウムは表皮を強くして耐病性を高め、柔らかくおいしいアスパラガスにします。カルシウムが不足するとアスパラガスがスジっぽくなります。

《秋の芽を伸ばさない》

春の新芽を充実させるためには、秋に出る芽を伸ばさないようにします。秋の芽を伸ばすと、株を疲れさせることにつながります。

立茎（芽を伸ばし葉を繁らせること）の本数は1株当たり7～8本までとし、それ以上は芽が出ても地際で切り取ります。

土が乾燥すると、有機物の分解が進みすぎて、「硝酸態チッソ」が増え、病害虫の被害に遭いやすくなるだけでなく、味も品質も落としてしまいます。とくに夏の高温期には、土が乾かないように注意しましょう。

バジル

摘心と追肥で長く収穫できる

◆基本データ
科名：シソ科
食用部分：葉
適応土壌pH：6.5前後
発芽適温：20～25℃
生育適温：20～25℃
病害虫：アブラムシ、ハモグリバエ、ヨトウムシ、ハダニなど

生育旺盛で育てやすいハーブ。日当たりと水はけのよい場所を好み、ハーブの中では肥料を多めに必要とします。酸性土壌では生育が悪く、保水力の高い、有機質を多く含んだ豊かな土を好みます。乾燥を嫌うため、水やりはたっぷりと行います。

発芽には20℃以上の温度が必要。直まきする場合は、気温が安定する５月中旬以降が適しています。

タネは好光性のため、覆土は薄く先端の生長点を摘心すると、わき芽が盛んに伸びて収穫量が増えます。蕾をつけないコツは、栄養生長を続けさせること。長く繰り返し収穫するため、葉の生育具合、色を見ながら、適宜追肥を行います。

元肥で入れるチッソの純粋量（1m²当たり）
10～16g（推奨割合 堆肥6：アミノ酸肥料4）

BLOF資材の元肥量（1m²当たり）

アミノ742	ソイルメイク23	ソイルメイク11
91g	600g	640g
カルシウム	**マグネシウム(ブルーマグ)**	**クワトロネオ**
100g	60g(84g)	30g

追肥（1m²当たり）

アミノ742		
30g		
カルシウム	**マグネシウム**	**クワトロネオ**
20g	30g	20g

セージ

料理の香りづけやハーブティーに

肥料の設計➡バジルと同じ

◆基本データ
科名：シソ科
食用部分：葉
適応土壌pH：6.0～6.5
発芽適温：20～25℃
生育適温：15～25℃
病害虫：うどんこ病、ハダニなど

タネからでも育てやすく、初心者でも手軽に栽培できます。初夏に咲く紫色の花はラベンダーに似て美しく、観賞用としても楽しめます。

とくに追肥をしなくても育ち、病害虫の害の少なく、育てやすいハーブです。多湿を嫌うため、水はけのよい土で栽培します。

株が蒸れるとまれにうどんこ病やハダニの被害に遭うことがあります。

乾燥気味に管理し、風通しをよく育てれば、とくに管理には手がかからず、気軽に栽培できます。

寒さに強い宿根草で、マイナス10℃程度までなら霜に当たっても枯れません。中間地では、特別防寒対策を施さなくても、翌年以降も楽しむことができます。

ローズマリー

一度植えるとずっと楽しめる

◆基本データ
科名：シソ科
食用部分：茎・葉
適応土壌pH：6.0〜6.5
発芽適温：15〜25℃
生育適温：15〜25℃
病害虫：とくになし

病害虫の被害はほとんどなく、初心者でも育てやすい植物。常緑の低木で、一年を通して楽しめます。木立性と匍匐性があり、匍匐性のローズマリーはグランドカバーとしても人気です。

乾燥気味で､日当たりのよい場所でよく育ちます｡過湿には弱いため、水はけのよい土つくりを行い、風通しよくして、蒸れを防ぐようにします。

暑さには強いものの、耐寒性はあまり強くありません。寒さの厳しい地域では、防寒対策が必要です。
もともとやせ地に自生するローズマリーは、多肥を嫌います。地植えなら追肥はとくに必要なく、毎年春に一度元肥を施す程度でよく育ちます。

元肥で入れるチッソの純粋量（1m^{2}当たり）
8〜10g（推奨割合 堆肥6：アミノ酸肥料4）

BLOF資材の元肥量（1m^{2}当たり）

アミノ742	ソイルメイク23	ソイルメイク11
57g	500g	400g
カルシウム	**マグネシウム**	**クワトロネオ**
100g	60g	30g

※ローズマリーでは追肥は行いません。

アオジソ

こぼれダネでどんどん増える

肥料の設計➡バジルと同じ（125ページ）

◆基本データ
科名：シソ科
食用部分：葉、果実、穂
適応土壌pH：6.0〜6.5
発芽適温：25〜30℃
生育適温：20〜25℃
病害虫：アブラムシ、ハダニなど

爽やかな香りと味で、日本では古くから親しまれたきた「和ハーブ」。日当たりがよいほうが好ましいのですが、半日陰でも栽培できます。逆に真夏の日差しが強すぎると､葉が硬くなっておいしくなくなるため､適度な遮光が必要になります。

庭先やプランターにあれば、必要な時に摘むことができて重宝します｡こぼれダネで毎年育つほど強く､病害虫の被害も少なく家庭菜園初心者でも育てやすい野菜です。

発芽が難しく、1 〜 2株なら苗を購入するのが手軽です｡タネから育てる場合はタネまきの適期を守り､一晩水につけておくと発芽しやすくなります。また、好光性種子のため、土は薄くかぶせる程度にします。

乾燥が苦手なため、保水性のよい土でよく育ちます。基本、病害虫に強い野菜ですが、多肥でチッソ過多になると、アブラムシなどの多発を招きます。

草丈が20 〜 30cm程度で株の先端を「摘心」すると、わき芽がよく伸びるようになり、多収穫できます。

ルッコラ（ロケット）

摘み取り収穫で長く楽しめる

◆基本データ
科名：アブラナ科
食用部分：葉
適応土壌pH：6.0～6.5
発芽適温：15～25℃
生育適温：15～25℃
病害虫：アブラムシ、アオムシ、コナガなど

肥料の設計➡バジルと同じ（125ページ）

ゴマのような風味とかすかな辛みのある地中海沿岸地域生まれの一年草です。ベビーリーフをサラダで楽しむほか、パスタやピッツァ、肉料理の付け合わせにもよく合います。

発芽率が高く、病害虫の被害も比較的少ないため、初心者でも育てやすく、約一カ月で収穫できます。

プランターでも手軽に栽培可能で、菜園にあると重宝する野菜です。タネまきの時期をずらせば、ほぼ一年中収穫できます。

日当たりと、水はけ、風通しのよい場所を好みます。ほぼ一年中栽培できますが、夏の高温時には生育が悪くなります。寒さには意外と強く、マイナス2～3℃でも枯れません。秋にタネまきすれば、そのまま冬を越してサラダに添えられます。

アブラナ科のルッコラは、春夏まきでは害虫の被害に遭いやすくなるため、防虫ネットのトンネルがけがおすすめです。

株元を残してハサミで切って収穫すれば、繰り返し葉が再生して、長く収穫を楽しめます。

チャイブ

半日陰が適地

◆基本データ
科名：ヒガンバナ科
食用部分：葉、花
適応土壌pH：6.0～6.5
発芽適温：15～20℃
生育適温：15～20℃
病害虫：ネギアブラムシ、さび病など

元肥の設計➡ローズマリーと同じ（126ページ）
追肥の設計➡バジルと同じ（125ページ）

ネギに似た細い葉が特徴の繊細なハーブ。匂いもネギに似ていますが優しい香りで、細かく刻んで料理に散らして利用します。

多年草で、冬は地上部は枯れますが、地下茎は生きていて、春にまた芽を出します。

プランターでも簡単に育てられるため、家庭菜園向きです。トマトの株のそばにコンパニオンプランツとして植えれば、トマトの病気を防ぐ効果もあります。

チャイブは水はけ、風通しのよい土を好みます。日当たりを好みますが、高温、乾燥には弱く、日差しが強すぎると葉が硬くなるため、半日陰の場所でよく育ちます。葉が20cmほどになったら収穫適期です。

地面から3cmほどのところでハサミで切って収穫すれば、葉が再生し、繰り返し収穫できます。

株が混み合ってくると生育が悪くなるため、株分けを行うなどして、通気性をよくします。チャイブは花も食べられますが、花を咲かせると葉が硬くなります。葉を食べる用、花を食べる用に場所を分けて栽培するとどちらも楽しめます。花をつけたくない場合、追肥して栄養生長を続けさせます。

野菜の栄養成分は昔より減っている

1963年の「三訂　日本食品標準成分表」と2020年の「八訂　日本食品標準成分表」を比較してみると、さまざまな野菜で栄養価が大幅に減少していることがわかります。たとえばホウレンソウでは、カルシウムの量が98mgから49mg、ビタミンCは100mgから35mgへと減少しています。

その理由には、化学肥料に頼るようになり、有機質が分解されてできる「腐植」やミネラル成分、微生物のはたらきといった「地力」が大きく落ちてしまっていること、つくりやすく病害虫に強い品種改良が優先して進められていること、冷蔵設備、物流が進化したことで保管期間が長くなったこと、温室で旬ではない時期に栽培することなどがあげられます。

チッソが多い野菜は甘みや栄養価が低くおいしくない

チッソが過剰になると、生育が軟弱になり、病害虫の被害に遭いやすくなります。それだけでなく、野菜の体内の「硝酸イオン（=チッソ）」が増え、えぐみ、苦みにつながり、ビタミンC、抗酸化力、糖度、デンプンなど、栄養価全体が下がってしまうことがわかっています。たとえ有機で栽培したものであっても、肥料が効きすぎて硝酸イオン過剰になると、決して安心で栄養たっぷりとはいえません。

おいしくて、栄養たっぷりな野菜は、硝酸イオン（チッソ）が低いのです。これは、1章で記載したように、野菜のカラダがどうやってできているかを考えてみるとわかります。野菜は、光合成でつくられる炭水化物とチッソを結びつけることによってアミノ酸をつくります。そのアミノ酸がたくさん集まって組み合わせられることによってタンパク質をつくります。

チッソが多すぎれば、カラダを大きくするために炭水化物が多く使われてしまい、おいしさや栄養を高めるために使える炭水化物の量が減ってしまうのです。

自分の野菜を糖度計で測ってみよう

BLOF理論に基づき、ミネラル優先、炭水化物優先で栽培すると、野菜は栄養価が高く、糖度も高くおいしく育ちます。

栽培した野菜がどのくらい糖度や栄養があるのか、簡単に測れる指標の一つとして「糖度」があります。筆者はBrixのデジタル糖度計を使用しています。3,000～10,000円程度で購入できます。野菜の出来がよかったのか悪かったのか、客観的に知ることができます。

「身体においしい農産物コンテスト」に応募してみよう

一般社団法人　日本有機農業普及協会主催で、農産物の栄養価を競いあう「身体においしい農産物コンテスト」が通年行われています。上位入賞者は、年に一度開催される「オーガニックエコファスタ」で行われるイベントで表彰されます。

誰でも応募でき、自分が育てた野菜の栄養価を検査してもらえます。高評価されれば大きな励みにもなります。また、全国から集まる大勢の参加者とフェスタで出会い、情報交換することで勉強になります。

BLOFでしっかり栽培すれば、自然に高成績を目指せます。もっと甘くおいしく、多収穫にするにはどうすればいいか、といった新しい目標も生まれます。

※募集要領は日本有機農業普及協会のホームページをご覧ください。

本当に品質の高い野菜とは?

――見た目だけではわからない栄養価

食品成分分析調査 1963年と2020年の比較

（可食部 100g あたり）

種類	カルシウム(mg)		鉄(mg)		カロテン(μg)		ビタミンC(mg)	
	1963	2020	1963	2020	1963	2020	1963	2020
トマト	8	7	0.3	0.2	400	540	20	15
ホウレンソウ	98	49	3.3	2.0	8,000	4,200	100	35
ダイコン	28	23	0.3	0.2	0	0	20	11
ニンジン	47	27	0.9	0.2	13,500	8,200	10	4

（1963年「三訂日本食品標準成分表より」）
（2020年「八訂日本食品標準成分表より」）

ワンランクアップの有機菜園テクニック

おいしい野菜をたくさん収穫するための、
各種資材の使いこなし術を紹介。

有機栽培の強い味方「酢」を使いこなす

●酢は水溶性炭水化物そのもの

農薬を使えない有機栽培では、酢が非常に強い味方として活躍してくれます。野菜が弱ってしまったとき、病気や害虫の被害に遭ってしまったとき、酢は非常に頼もしい味方であり、ぜひ活用したい資材です。

酢酸は化学式にするとCH_3COOH、つまりCHO（炭水化物）そのもの。植物が葉面や根から直接吸収することのできる水溶性炭水化物です。光合成の役割を補うはたらきをします。また、酸性の特質を生かして病害虫予防やミネラル肥料を溶かすなどの活用もできます。

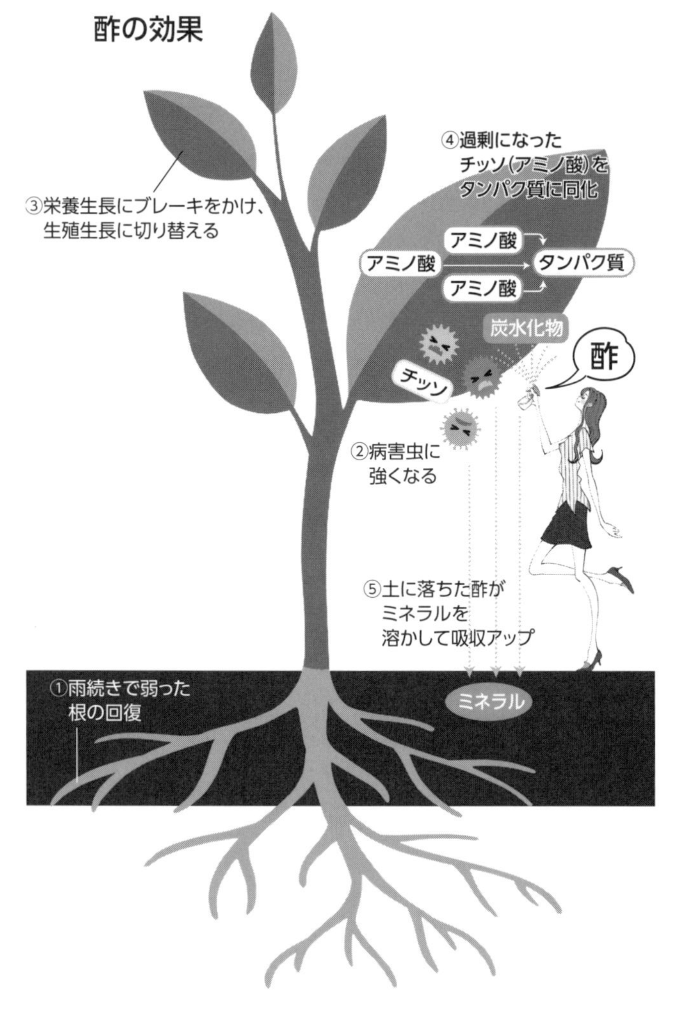

●酢の効果

①悪天候続きで弱った根を回復する

雨降り続きや大雨に遭うと、なぜ野菜は元気がなくなるのでしょうか？　これは、大量の水で根が呼吸できなくなり、養水分を吸収する毛細根が大きくダメージを受けてしまうからです。ミネラルが吸収できなくなり、水に溶けやすく吸収しやすいチッソばかり吸い上げるようになります。

また、悪天候続きでは野菜は十分に光合成ができません。炭水化物がつくれないので作物の表皮は薄くなり、防御力も低下し、味も甘みも落ちます。

このような悪天候続きによるダメージを軽減し、回復させるために、酢は大きな効果を発揮します。

長雨などで根の弱りがひどい場合には、食酢30～50倍（酸度4.5%の酢の場合）の濃いめのものを、根の吸収根の上のあたりから地面に散布します（この倍率では葉面には散布しません）。

濃度が濃いと、弱った作物に病原菌がとりつくのを防ぐことができ、作物の栄養生長を一時的に止めて、炭水化物の使い道を根の修復のほうに回すことができるようになります。2～3日後にはもう効果があらわれ始め、葉がピンと張り始めるのが確認できます。

② 病害虫を予防する

酢の葉面散布を行うと葉面のpHが下がり、病害菌に侵されにくくなります。また、生育そのものが強くなり、害虫の被害にも遭いにくくなります。ただし、酢には病気の治療、殺虫効果まではありません。予防的に散布することで大きな効果を発揮します。食酢なら100～150倍で約10日に一度散布します。

③生殖生長に切り替え、花つきをよくする

トマトやズッキーニなどの果菜類やエダマメなどでは、チッソが多いと栄養生長優先になり、花芽がつきにくくなることがあります。こんなときは、食酢を100倍程度に薄めたものを葉面に散布します。体内に炭水化物が増えることでC/N比が上がり、チッソ優先に傾いた生育を生殖生長に切り替える効果があります。

④ チッソ過剰を解消する

チッソ過剰が野菜の軟弱さや病害虫を招く原因となっている場合、酢の散布が非常に効果的です。酢には、葉にたまった硝酸態チッソやアミノ酸を同化する代謝促進のはたらきがあります。

⑤ミネラル吸収を促進する

酢は根酸と同じはたらきをします。ミネラルを溶かし、キレート化（ミネラルが有機酸に挟み込まれる）して、根から吸収しやすくしてくれます。とくに、ミネラル肥料を追肥したあとに酢をまけば、早く効きめがあらわれます。

⑥高温・乾燥に強くなる

酢または酢酸カルシウム（下記）の散布は、野菜を乾燥ストレスに強くするため、水やりの頻度が少し落ちても野菜が健康な生育を維持しやすくなります。自宅から少し離れた場所に畑があって、毎日見に行けない場合も、酢の散布は非常に効果的です。

●吸収性バツグン！「酢酸カルシウム」をつくろう

カルシウムは、病害虫に強いカラダをつくり、根の生育を促進する「中量要素」の一つです。しかし、元肥でしっかり施したつもりでも、生育期間の長い果菜タイプなどでは途中で不足することがあります。

カルシウムを吸収するには、水に溶けて根が吸収できる形になっていることが必要です。しかし、乾燥しがちな夏は、とくにカルシウム不足が起きやすくなります。

このようなとき力を発揮するのが、カキガラ石灰と酢を使った「酢酸カルシウム」の葉面散布です。次のような効果が期待できます。

- カルシウム欠乏による尻腐れや葉先の枯れを改善
- 細胞壁を強化し、病気に強くなる
- 高温や低温、乾燥などのストレスに強くなる
- 炭水化物が果実やイモなどに蓄えられる
- 根が伸びる

50 ～ 100倍程度に水で薄めて、夏の暑い時期や乾燥する時期、果菜類の収穫期などカルシウムを補給したいときに葉面散布してみてください。

酢の種類の比較

	食　酢	太陽のし酢く
効　果	酸度 4.2～4.8% pH　2.6～2.9	酸度 10% pH　2.4
〈葉面散布〉 栄養生長促進・ 炭水化物補給	100～150倍	200～300倍
〈土壌かん水〉 高温・乾燥耐性	50～70倍	100～140倍
〈土壌かん水〉 根の修復	30～50倍	60～80倍
除草	5倍以下	10倍以下

カキガラ酢酸カルシウムのつくり方、使い方

食酢……100cc　カキガラ石灰……50g

大きめの容器（耐酸性のあるもの）

※勢いよく泡が出るので、食酢100ccに対して5倍程度の大きさの容器が必要

〈つくり方〉

①カキガラ石灰を容器に入れ、その上から酢をかける。勢いよく泡が出たあと、しばらくすると落ち着くが、その後もゆっくりと発泡が進み、カキガラが溶け出す。

②30分ほどおくと、溶けずに残った殻が沈澱するので、上澄みの透き通った液を別容器に移す。ハンドドリップのコーヒーフィルターでこしてもいい

※お茶をこす使い捨てのティーバッグにカキガラを入れて酢と混ぜると、泡が立ちにくく、透明液の部分をすぐに使えて便利です。

※溶け残った殻は、速効性のカルシウム肥料として使えます。

※食酢でカキガラを溶かす時間は、30分～1時間以内がおすすめ。時間が長いほど、カキガラがよく溶け、カルシウムの補給量も増えますが、同時にpHも上がってきます。pHを高くしすぎると、カルシウムが葉面で結晶化し、葉を傷めることもあります。

仕上がり時のpHが5.5以下に収まっていれば、葉を傷めることもなく、カルシウムの効果＋酢の静菌効果を期待できます。

左がカキガラ石灰（ナチュラル・カルシウム）、右が「太陽のし酢く」。酸度が10%と一般的な食酢の2倍以上あり、経済的で作物への効果も高い醸造酢（ジャパンバイオファーム）

マルチングを使いこなそう

●種類別の効果

ウネの表面をポリフィルムや草、ワラなどで覆うことを「マルチング」といいます。

マルチングの利点は次のとおりです。

- 土の乾燥が防げる
- 土壌の肥料分の流亡を防ぐことができる
- 団粒構造の状態を保つ
- 泥はねによる病気の感染を防ぐ

また、マルチの種類によって、地温を上げたり、下げたり、草を抑えるなどの地温調節効果もあります。おもな種類は下記のとおりです。

①黒マルチ

太陽の光を遮るため、草を完全に抑えます。マルチの表面は熱くなりますが、透明マルチに比べると地温は上がらないので、保湿、保温の効果も。植え穴からの、熱風やアンモニアガスの上昇に注意します。

②シルバーマルチ

光を跳ね返すため、雑草防除効果があります。また、夏場に地温が上がりすぎるのを防ぎます。キラキラ光るものを嫌うアブラムシやウリハムシの飛来を減らします。反射光によって果実の色づきをよくする効果もあります。

③透明マルチ

太陽熱養生処理に使うのはこの透明マルチです。光を完全に通すので、地温を高める効果があります。寒い時期の栽培に適しています。ただし、光を通すため雑草が生えてきます。

トンネル支柱にかけて、保温や雨よけにの目的にも

いろいろなマルチの種類

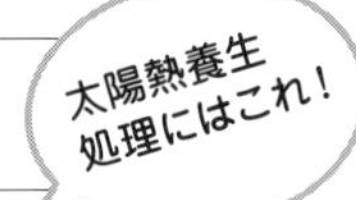

①黒マルチ
抑草、保湿、保温、雨よけに

②シルバーマルチ
抑草、保湿、保温、雨よけに

③透明マルチ
地温上昇、保温、雨よけに

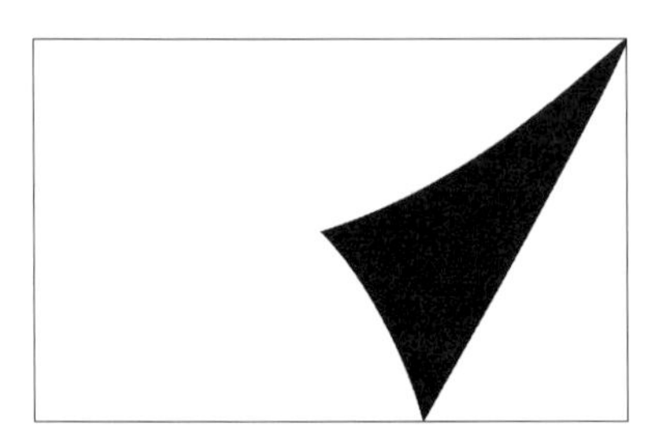

④白黒リバーシブルマルチ
抑草、太陽光反射、地温抑制、雨よけ、保温に

⑤黒マルチ（シルバーストライプ入り）
抑草、保温、雨よけ、害虫防除に

⑥穴あきマルチ
ニンニク、タマネギ栽培や厳寒期の保温に

使用します。

④白黒リバーシブルマルチ

一面が白色、もう一面が黒色。光が入らないため雑草を抑え、太陽光を反射するため、果樹の実の色づきをよくするためにも使われます。暑い時期の栽培では白い面を上にして地温上昇を防ぎ、寒くなってきたら黒い面を上にして、地温の確保をサポートします。

シルバーマルチに比べると、アブラムシなど、光を嫌う害虫防除の効果はあまり期待できません。

⑤黒マルチ（シルバーストライプ入り）

黒マルチとシルバーマルチのメリットを併せ持ったマルチ。雑草防除、保温効果の他、光りものを嫌うアブラムシ、ウリハムシなどの飛来を防ぐ効果も。

⑥穴あきマルチ

マルチにあらかじめ植え穴をあけたもの。マルチの色、植え穴の大きさ、間隔にはさまざまな種類があります。栽培した野菜､季節に合ったものを選びます。ニンニク、タマネギなどの栽培にはとくに便利です。

●ワラマルチのメリット

ワラをマルチングに使う方法は、敷きワラといって昔から行われてきました。ワラが水分を吸収するため、過湿、乾燥に強く、湿度が一定に保たれます。ワラのすき間に空気があり、高温時にはワラが水分を放出するため、温度の急激な変化を防ぐことができます。雨の後も水はけのよいワラは、表面に水分たまりができるようなこともなく、ポリマルチよりも優れている面もあります。

イナワラマルチ
（敷きワラ）

とくにスイカやメロン、カボチャ、イチゴなど果実が地面にあたる野菜では、土や水に果実が触れて傷まないように、ワラマルチの使用がおすすめです。

有機物なので最後には分解され、土を豊かにします。ポリマルチと違い、ワラは追肥の際や、地温を上げたい場合にはいつでも動かせるのもメリットです。

もう一つのメリットとして、雑菌を抑える効果もあります。昔ながらの納豆は､ワラに包まれています。ワラでマルチングするということは、そこに納豆菌が棲みつくということ。

納豆菌（バチルス菌）には、有機物を分解しやすくしてくれるはたらきの他に、雑菌を抑制してくれる効果があります。とくに、アミノ酸肥料を追肥する際はカビの仲間の餌食にもなりやすいのですが、アミノ酸肥料をエサとしてワラ中の納豆菌が増殖することで、カビを原因とする病気を抑制してくれます。

●ワラマルチのポイント

①厚く重ねすぎない

厚すぎると、ワラを伝って水が流れ、ウネが十分に湿らなくなります。逆に、ワラの下に水が入った場合は、いつまでも乾かなくなります。

また、ワラが厚いと日光が遮られて、地温が上がりにくくなります。

ワラを敷くときは、土が少し見える程度に敷くのが基本。ただし、梅雨明け後、強い日差しが一気に注ぐ時期は少し厚めに敷いて地温の急激な上昇を抑えます。

長い雨のあとに地温が高くなれば、根が蒸れて傷んでしまうからです。ポリマルチと違い、そうした調整もできるのがワラを利用するメリットでもあります。

②ワラは切らずに敷く

敷きやすくするため、また栽培後に土に分解されやすいようにと、短く切って敷く人がいますが、ワラは切らずに、そのまま敷きましょう。

じつは､長いほうが中の空洞が湿度を保ちやすく､微生物が繁殖しやすくなり、栽培後の分解も早くなります。逆に、短く切ったほうが長期にわたって分解されにくくなります。

有機肥料・堆肥の選び方のコツ

●発芽試験で品質を見極める

さまざまな有機肥料や堆肥が販売されていますが「発酵鶏糞」「牛糞堆肥」は価格も安く、使っている人も多いと思います。ホームセンターで、15kg入り100円程度の安価なものもよく売られていますが、その品質はどうなのでしょうか。

ジャパンバイオファームで販売しているBLOF理論の資材「発酵鶏糞N4」と、A～C社、計4種の発酵鶏糞を使用して、発芽試験を行いました。発酵鶏糞を10倍の水で薄めた液をキッチンペーパー等に吸わせ、タネを包んで経過を観察します。下の写真は、同条件、同量の発酵鶏糞を使用し、コマツナのタネまきから5日経過したものです。

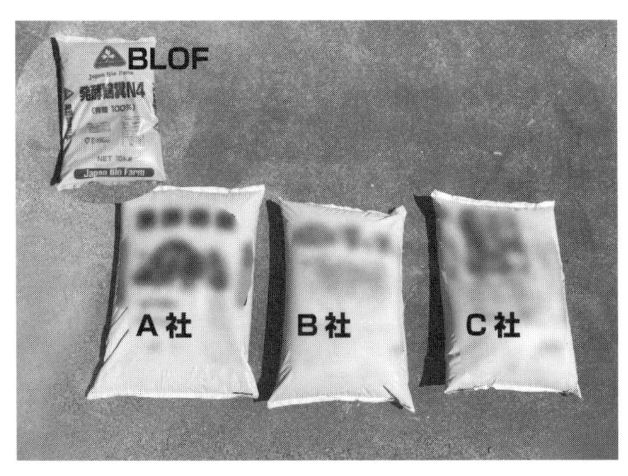

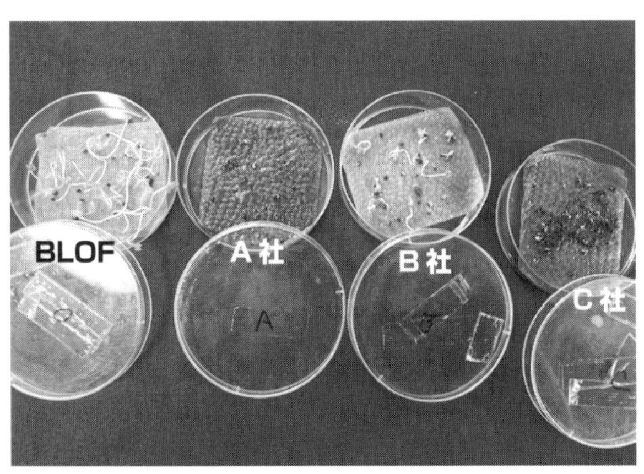

市販の発酵鶏糞で発芽試験をしてみると……

大手ホームセンターで販売されている発酵鶏糞A、B、Cと「発酵鶏糞N4」を発芽試験。発酵鶏糞を10倍の水で薄めた液を布に浸し、コマツナの発芽試験を行った。写真はタネまきから5日後。A社、C社は発芽せず、B社は発芽したものの、発芽率が低く根の生育も悪かった

「発酵鶏糞N4」は元気よく芽が出ていますが、A社、C社はまったく芽が出ず、B社のものは発芽率・生育はよくないものの、なんとか芽が出ました。A～C社の発酵鶏糞水溶液のｐＨは８以上ありました。

●未熟有機物は発芽や発根を阻害する

発芽がよくなかった商品は、未熟な鶏糞であった可能性があります。未熟な鶏糞（堆肥）の中には、発芽を阻害する物質が含まれていたり、土中で再発酵して酸欠により根に障害を与えることがあります。また、未熟なタンパク質をそのまま土に入れると、有害な菌を増やしてしまうこともあります。とくに鶏糞は、「発酵鶏糞」と書いてあっても、乾燥しているだけで未熟な状態の糞が含まれていることがよくあります。

発芽したとしても、その後の生育は著しく悪くなります。肥料として与えたはずが、生育を助けるどころか阻害してしまいます。

安い発酵鶏糞の購入を検討する際には、こういった発芽試験を行って、品質を見極めるとよいでしょう。4～5日で結果がわかります。単純に安いからといって使用するのは要注意です。未熟なものは決してそのまま使わないようにします。発酵鶏糞だけでなく、牛糞堆肥、その他の有機肥料も、できれば発芽試験を行って、品質を見極めてから使いましょう。バーク堆肥、腐葉土なども同様です。

価格の安いものには、安いなりの理由（材料・製造工程など）があるものです。「他の製品と比べて、なぜそんなに安いのか？」と少し立ち止まって考えてみることも、商品選びで失敗しないポイントです。

モミガラくん炭の活用

●土の通気性、排水性を高める

モミガラくん炭は、稲作を中心的に行ってきた日本では古くからよく使われてきた資材です。精米する際にとれるモミガラを、低温で長時間かけていぶして炭化させたもの。中に細かい空隙があり、土壌に混ぜ込むことで土をふかふかにし（擬似団粒）、通気性、排水性をよくすることができます。地面に敷いてマルチング資材として使うことで、泥はねの防止や保湿、保温の効果があります。

モミガラそのものでも土壌改良資材として使えますが、くん炭にすることで、モミガラに無数の微細な穴ができて微生物の棲みかになったり、モミガラに含まれるケイ酸、マグネシウム、マンガンなどのミネラルが土に溶け出しやすくなります。

モミガラくん炭が含んでいる成分の目安は、以下のとおりです。チッソ0.4％、ケイ酸50％、石灰0.1％、カリ1.5％　炭素30％、マンガン0.1％、マグネシウム1.2％、鉄2％。ケイ酸を多く含んでいます。

●pHを上げる

一般的に、植物を燃やすと、残った灰はアルカリ性を示します。これは、熱を受けることで炭酸カリウムや炭酸ナトリウムなどのアルカリ性の成分が生成されるためです。モミガラくん炭もpHは8～10前後で、酸性よりの土壌を中和する効果もあります。

●害虫を寄せつけない

また、アブラムシなどはモミガラくん炭の匂いを嫌がるため、地面にまくと害虫忌避の効果もあります。

土壌改良材として、土に混ぜ込んで使用する場合は、培養土に対して5～10％を目安に使用し、入れ過ぎには注意しましょう。

●地温を上げる

モミガラくん炭は色が黒いため、マルチングに使用すると、地温上昇の効果があります。春、または秋に、地温を高めたい場合に、株元にマルチングするのがおすすめです。

頼りになる助っ人、液肥と海藻肥料

液　肥

●弱った野菜に速く効く

有機栽培用に、「有機液肥」「アミノ酸液肥」などの液肥が販売されています。液肥のよいところは、速効性があるところです。

BLOFの有機栽培でも、生育の補助として、液肥を使用することはよくあります。しかし、まず大切なのは、基本的な土つくりと適切な元肥です。その上で、あくまで補助剤として使用するのが液肥です。

液肥を使うタイミングは、生理障害があらわれたとき、着果負担が大きすぎて樹勢が弱まったとき、悪天候や乾燥などで根が傷んだとき、葉色が薄くなったとき、果実の糖度を上げるなど収穫物の品質を向上させたいときなどです。チッソ分が低く、水溶性炭水化物が多い液肥を使い、炭水化物を補給することで甘みアップが期待できます。

固形肥料では養分の供給スピードが追いつかないときに、速効性のある液肥を使います。

●液肥は「根を伸ばす」ため。固形肥料の追肥と組み合わせて

液肥の葉面散布で補える養分は多くなく、それだけで生長をまかなうには十分ではありません。BLOFで

アミノ酸液肥「甘みの素」
炭水化物が多くチッソが少なく、乳酸やビタミン類を豊富に含み、とくに果菜類の肥大期に使用すると、味をよくし、糖度を高める効果がある。果菜類の実がつき始めたら、1週間に1度程度与えると甘くなる（ジャパンバイオファーム）

液肥を葉面散布する一番の目的は、「根を伸ばすこと」です。

基本的な使い方は、必要な肥料（追肥）を土に施してから、液肥を葉面散布するというものです。まず液肥で発根を促し、伸びた根の先に、アミノ酸肥料、カルシウム、マグネシウム、微量要素といった固形肥料があるようにしておくのです。

ただし、プランター栽培など、スペースがせまく、固形肥料を追肥しづらい場合は、液肥を使用する場面が多くなります。また、イチゴなど、葉が繁って追肥しづらいタイプの野菜も同様です。

注意点としては、液肥だけではどうしてもミネラルが不足しがちなことです。また、液肥は水で流れてしまうため、肥効が長続きしないことも注意が必要です。とくにプランター栽培の場合、水やりとともに、液肥の成分が流亡してしまいがちです。最初の土つくりをしっかり行い、過不足のない養分を元肥として与えることを忘れないでください。

海藻肥料

●野菜の甘さアップ、団粒化促進に

海水中の塩分に含まれるミネラルを多い順に並べると、塩素・ナトリウム・マグネシウム・硫黄・カルシウム・カリウム・臭素・炭素・ストロンチウム・ホウ素・フッ素・ケイ素・チッソ・アルゴン・リチウム・リンと延々と続きます。

海水に含まれているミネラルは70種類とも90種類ともいわれています。海藻には、海水中に含まれているそれらのミネラルのほとんどが含まれていて、アミノ酸や植物ホルモン、微生物を増やす多糖類も多く含まれています。

海藻肥料の豊富なミネラル養分によって、吸肥力が高まり、作物の味が甘くなったり、作物の栽培期間が延びるという効果もあらわれます。

また、海藻肥料を施すと体積が8～10倍に膨れるので、土を軟らかくし、団粒化を促進する効果もあります。海藻肥料は、野菜のおいしさをワンランクアップさせる、ぜひ活用したい資材です。

海藻肥料「アルギンゴールド」
60種類以上のミネラルを含んだ海藻粉末肥料。根張り・糖度・食味がよくなり、連作障害、なり疲れを軽減（ジャパンバイオファーム）

自分でプランター栽培用の培土をつくってみよう

●自分でつくったほうが、安くて有機向き

プランターで野菜を栽培するときは、土を購入します。ホームセンター等では「有機培土」「野菜用培土」「トマトの培土」など、さまざまな培土（各種用土を目的に応じてブレンドしたもの）が販売されています。

市販の培土には、多くの場合肥料分が含まれています。それらの土をBLOFで使用する場合には、もともと培養土に含まれている肥料分を引き算して、足りない分を与えるようにしてください。

ただ、肥料分として化学肥料を使用しているものも多いので、BLOFを実践するなら、「無肥料」の培土の購入をおすすめします。無肥料の培土が見つからない場合は、安い培土を選ぶのも1つです。価格の安いものには、ほとんど肥料が入っていないからです。

なお、各種用土を買ってきて自分でブレンドをする方法もおすすめです。無肥料培土がつくれる上、値段

も手頃で、作物の性質に合わせたオリジナルの培土をつくることもできます。

●自作培土のレシピの例（65Lつくる場合）

- 赤玉土（小粒）……20L（約30%）
〈保水性、水はけ、保肥力もあるベースとなる土〉
- ピートモス　……20L（約30%）
〈水はけ、通気性がよく、土をふかふかにする〉
- バーミキュライト（細目）……10L（約15%）
- パーライト（細目）……10L（約15%）
〈通気性、保水性を高めて、土全体を軽くする〉
- ゼオライト（細粒）……5L（約10%）
〈保水性、保肥力がよい〉

●培土つくりのポイント

紹介したレシピは一例です。

赤玉土を多く、ピートモスを少なめにすれば、どっしりとした保湿性の高い土になり、逆にピートモスが多ければふかふかした水はけのよい土になります。
用土は他にも、黒土、鹿沼土、腐葉土、ココピートなど、さまざまなものがあります。

野菜の培土は、①通気性、②水はけ、③保水性、④保肥力、4つのポイントをクリアしていることが大切です。これを踏まえて、用土を配合しましょう。

実際に売られている培土を1つ購入し、自分で触ってみて、実際にジョウロで水をかけたとき、どのくらいの保水性、排水性があるのかなどを確認してみると、ちょうどよい割合の参考になります。

肥料を入れる前にpHを測る

なお、培土を自作したときは、必ず土壌酸度（pH）を測るようにします。ミネラル肥料を入れるとpHが若干上がるため、元肥を入れる前でpH6.0程度の培土だと使いやすいでしょう。

ただし、育てる野菜によってよく育つpHは違うため、野菜に合わせて調整をします。 pHを下げたいならピートモスなど、酸性よりの資材を多めに入れます。自由に調整できるのも、自作培土のメリットです。

ポイントをおさえれば、畑よりもむしろ逆に、プランターのほうがよい野菜ができる条件を整えやすいといえるかもしれません。

各用土のpH

赤玉土	pH 5.0～6.0
ピートモス	pH 3.5～4.5
パーライト	pH 7.5～8.5
バーミキュライト	pH 6.0～7.0
ゼオライト	pH 6.0～8.0
黒土	pH 5.5～6.5
モミガラくん炭	pH 8.0～10.0

※pH低めの培土をつくりたい場合はピートモスを多めにするとよい。高めにしたい場合は、黒土、パーライト、モミガラくん炭を入れて調整

●培土は作ごとに太陽熱養生処理する

栽培の前に、培土もぜひ太陽熱養生処理を行ないましょう（51ページ）。そのひと手間で、野菜のできばえは天と地ほど変わります。

なお、培土は使用しているうちに劣化してきます。水やりのたびに少しずつ硬くなり、空気の層も減ってきます。土を再利用する際には、古い根を取り除いたあと、培土のレシピの配合比を参考に新しい培土を足して物理性を改善します。必ずpHもチェックしておきましょう。次作の元肥を入れた後、必ず太陽熱養生処理を行います。前作の残渣などに潜んでいる病害虫や、土中のコガネムシの幼虫などを死滅させておきます。

●プランター栽培の肥料の計算の仕方

プランター根を広げられる範囲が狭く、肥料が流れやすいため、与える肥料の量は畑の約40%増しで考えます。5章で紹介している各野菜の1m^2当たりの肥料は、プランター培土75 L分の量です。25Lの標準プランターでは、1m^2の3分の1の肥料を入れます。追肥は畑よりも一回の量を少なくして回数を増やします。

BLOF有機栽培は「水」で決まる

●水のやりすぎ、肥料のやりすぎに注意

自宅で野菜を育て始めると、暇さえあれば様子を見たくなります。こまめに水をやるのはいいのですが、往々にしてやりすぎになり、肥料も、ついつい量が多くなってしまいがちです。初心者が失敗してしまう原因は、「水のやらなすぎ、肥料のやらなすぎ」より、むしろ、「水のやりすぎ、肥料のやりすぎ」のケースのほうが多いといえるでしょう。

水をやりすぎれば、土の中の空気のすき間が埋まってしまい、根は呼吸ができなくなります。
湿度が高くなれば、カビを原因とする病気にもかかりやすくなります。

また、チッソ肥料（BLOFではアミノ酸肥料）のやりすぎでは、野菜を軟弱に育て、味を悪くする上、病気や害虫をどんどん招いてしまいます。ミネラル肥料の与えすぎでは、過剰症となって植物のカラダに生理障害としてあらわれます。過剰なミネラル施肥は、最悪の場合、植物が枯れてしまいます。さらに重大なのは、過剰な養分が残留した野菜を人間が口にしてしまうことです。人体に深刻な害を与える危険があるのです。

●土が乾きすぎると、アミノ酸が硝酸になる

かといって、土が乾きすぎてもよくありません。ワンランクアップのおいしさを目指す上で、「土を乾かさない」ことがとても大切なのです。

じつは、野菜がおいしくない、病害虫にかかりやすい理由の一つに「土の乾きすぎ」があります。とくに、雨の当たらないハウスや、屋根をかけた栽培では、野菜の硝酸イオン（消化されずに残留したチッソ）が高くなりやすい傾向があります。

有機栽培のメリットは、アミノ酸などの有機態チッソを直接利用できることですが、土が乾きすぎると、アミノ酸は酸素が好きな微生物に分解されてしまい、硝酸に変わってしまうのです。

土が乾いた後に雨が降れば、野菜は水に溶けやすい硝酸イオンをどんどん吸い込んでしまいます。硝酸イオンが増えると、苦みやえぐみとして野菜に出るようになり、病害虫も招きます。

●土は「少し湿っている状態」にキープ

アミノ酸肥料をなるべく分解させずに、そのまま植物に吸収させるためには、土をいつでも「少し湿った状態」にしておくことが大切です。しかも、水は光合成の材料なので、BLOF理論で栽培して光合成が活発になると、水がよく吸われます。水が足りなくなると、光合成も十分にできません。「水は肥料」というぐらいに、適切な水分量を意識することで、よい野菜つくりができるようになります。

常識を覆すBLOF有機栽培

「太陽熱養生処理」で連作障害を解決

●連作障害はなぜ起きる？

同じ場所で同じ科や同じ種類の野菜をつくり続けると、生育が悪くなったり、収穫量が落ちてしまったり、枯れてしまったりということが起きます。このような障害を「連作障害」といいます。

おもな原因は、土壌の養分バランスが崩れること、また、その作物を好む菌や病害虫の密度が高くなることです。もともと土壌にはさまざまな微生物が存在していますが、同じ科や同じ種類の野菜をつくり続けることや、与える肥料、農薬、消毒などによっても微生物

のバランスが崩れます。

とくに、化学肥料が使用されるようになってからは、連作障害の問題がより深刻になってきました。まず化学肥料には、微生物のエサになる有機物が含まれないため、微生物の総数が少なくなります。病原菌に拮抗する有用菌も少なくなるため、土壌の免疫力、抵抗力が弱くなり、連作障害が起きやすくなります。

これを農薬や土壌消毒によって抑え込めば、さらに微生物の数が減ってしまうという悪循環になります。

●太陽熱養生処理が土壌病原菌を抑える

連作障害を解決するには、中熟堆肥を使用した太陽熱養生処理が非常に効果的です。とくに夏、高温時の太陽熱養生処理では、マルチに覆われた地中の温度は50 ~ 60℃以上に上昇します。この温度では、多くの病原菌は生きられません。

さらに、病原菌は高温でダメージを受けるだけではなく、放線菌や納豆菌といった有用菌からの攻撃も受けます。納豆菌は非常に強い微生物で、高温にも強く、タンパク質やセンイを分解する力があります。納豆菌が増えることで、病気の原因の9割といわれるカビや、ヨトウムシの防除につながります。

また、センチュウや甲虫類、フザリウム菌といった、カラダの表面をキチン質で覆われた病害虫は、キチン質を分解する酵素「キチナーゼ」を持った放線菌の格好のエサになります。

太陽熱養生処理では、空気のない環境でも酵母菌が二酸化炭素を吐き出し、土が深くまでほぐれます。同時につくられたアルコールには病害虫を駆逐する効果があります。乳酸菌による雑菌の抑制効果、病原菌の繁殖を抑える効果も期待できます。

太陽熱養生処理は、前作からの病害虫の連鎖を断ち切り、有用微生物を増やします。さらに、不足した養分を土壌分析によって補うことで、何年でも連作可能な土つくりができます。

家庭菜園ではとくに、限られた面積で栽培を行うため、連作は避けられません。苗の植えつけやタネまきの前に、土壌の病害虫を抑え、健康な生育の土台つくりをしておくことが大切です。

BLOFでは接木苗を使う必要はない

●高い接木苗のほうがよくできるのは本当？

販売されている苗には、タネから発芽した「実生苗」（自根苗）と、接木苗の2種類があります。接木苗とは、同じ科のほかの野菜や、病気や害虫に強い植物を台木にして、育てたい野菜（穂木）の茎を接ぎ合わせた苗のことです。

接木苗は、台木の育苗や、接ぐ手間などもかかるため、実生苗より高価なことが多く、同じ品種でも3倍近い値段がすることも珍しくありません。高いほうが品質がよさそう、おいしそう、なんとなく、そんな基準でお店で選んでいる人もいるかもしれません。

もちろん、接木苗には多くのメリットがあります。連作障害が起きにくい、病気に強い、低温でも育ちやすい、木の勢いがよい、長期収穫できる、多収穫になるなどです。

●接木苗は丈夫に育つが味が落ちる

しかし、接木苗はメリットばかりではなく、デメリットもあることを理解して利用したいものです。

そもそも、接木苗が出回るようになったのは、化学肥料栽培が当たり前になり、連作障害が頻繁に発生するようになった頃からです。

接木に使う台木には、病気に強く、野菜の樹勢が強くなるものを選びます。台木が病気に強い理由の一つは、根が大きく、表皮が厚いからです。光合成でつくられる炭水化物を、根の表皮を強くするために多く使っているのです。プロの農家のあいだでも、「接木苗はおいしくない」という声が、じつは多く聞かれるぐらいなのです。

長く化学肥料で栽培してきた土地での有機栽培や、土壌に病害虫が多く潜んでいる場合は、接木苗を利用するのが無難で安心でしょう。しかし、BLOFの太陽熱養生処理を行えば、何年でも連作が可能になります。接木苗を使う必要はありません。実生苗のほうが、苗の価格も安く、おいしい野菜がつくれるようになります。

まとめ BLOF理論のポイント

●ポイントは光合成と呼吸

あらためて、BLOF理論について、短くまとめてみます。BLOF理論は、小祝政明氏が長年の研究の末たどりついた栽培理論です。BLOF（ブロフ）とは、「Bio Logical Farming」（生態系調和型農業）を略したもの。簡単に言うと、化学肥料や農薬づけで作物本来の生き様をねじ曲げるのではなく、作物の生理、自然の法則や原則に寄り添う栽培をすること。自然界で当たり前に行われていることや循環を、科学的根拠に基づいて手助けする、または促進する栽培方法です。

おいしい野菜を多収穫するためには、突き詰めると「光合成と呼吸」をいかによく行わせるかというところに行き着きます。そしてすべての根幹にある重要なキーワードが「炭水化物」です。

重要なポイントは、おもに3つ。

①ふかふかで団粒構造の発達した土を、中熟堆肥と微生物の力を借りてつくる

➡根が広く深く張ることのできる土をつくり、根の表面積を増やして養水分の吸収量を増やす

②ミネラルを過不足なく供給する

➡作物の光合成力を最大限発揮させる

③無機のチッソではなく、炭水化物つきのチッソ＝アミノ酸肥料を根から直接吸収させる

➡炭水化物を余らせ、病害虫や天候不順に強い生育にし、栄養価の高い作物を収穫する

BLOF理論により、有機農業は経験や勘に頼ったやり方ではなく、客観的な事実、科学的理論によって、高品質、高栄養、多収穫を実現できるようになりました。理論である以上、誰もが学ぶことができ、素晴らしい成果を再現することができます。これまでに、全国で数万人以上の農業者や多くの家庭菜園愛好家に実践され、高い成果を上げています。

●世界に認められたBLOF理論

2019年9月、ニューヨークの国連総会で、国連職員向けにSDGsをテーマとして行われたカンファレンスでは、BLOF理論の提唱者・小祝政明氏により、「貧困や飢餓をなくし、食料安全保障と栄養改善を実現し、持続可能な農業を推進する」事例として、アフリカ・ザンビアでの有機栽培への取り組みが発表されました。

干ばつに強い作物つくりと、収穫量の飛躍的向上を実現した実績が高く評価され、カンファレンス・グランプリを受賞。

以下、小祝氏による説明です。

「BLOFによって、栄養価の高い農産物の多収穫栽培が可能となるため、同じ面積でも2倍、3倍とれるようなる。収穫量を減らさずに栽培面積を減らすことができるので、減らした土地で森を増やし、水源を確保することができる。水源が増えるため、農産物の安定的生産も可能になるという好循環が起こる」

「森を育てることが、豊かな実りと豊かな暮らしの未来を切り拓く。農業を軸に環境を守り、貧困や飢餓を終わらせ、持続可能な世界をつくっていくことができる」

「さらにBLOFの大きな特徴として、作物が豊富な炭水化物を持つことにより、化学的な消毒や農薬を使わずとも、病害虫の防除が可能になる」

今後日本だけでなく、世界の有機農業をリードしていく栽培技術、それがBLOF理論です。

プロ農家もアマチュア農家も安全でおいしい野菜をつくりたいという思いは同じはずです。家庭菜園だからといって、できた野菜に違いはないのです。

小祝政明氏。2019年9月の国連総会において、SDGsをテーマにしたカンファレンス（技術学術検討会議）で事例発表し、カンファレンス・グランプリを受賞

あとがき

ここまでお読みいただきありがとうございました。

BLOFの有機栽培は、だれでも学ぶことのできる技術です。学ぶことができるということは、だれでも上達できるということです。

BLOFでは“作物が健康に育つしくみ”をなにより大切にしています。一つがわかると、すべてがつながってくることがわかると思います。

野菜つくりの本や雑誌は巷にあふれています。しかし、玉石混交の情報やワザをバラバラにつまみ食いして集めても、なかなか上達しません。それどころか、なにが本当に正しいのかわからなくなってしまうでしょう。「私はこうつくっています」という記事はとくに、あくまでその人個人の方法や経験則であったり、事実として証明されていないもの、時にはあきらかに誤りであるものも見受けられます。

BLOFは科学的に成果が実証されている栽培理論です。BLOFで栽培するようになると、初めてでも上達が早く、面白くなります。それは、誰でも手軽に再現可能な方法であり、物語を読むように、知識や経験を積み重ねていけるからといえます。

「野菜が農薬なしでも元気に育つとはどういうことか」「野菜がおいしく甘くなるのはなぜか」。それはつまり、「野菜がタネから生まれ、生長するとはどういうことか」を問うことであり、「植物（人）が、生きるとはどういうことか」の本質を知ろうとすることでもあります。

ある人が小さな庭やプランターで育てる素晴らしい野菜を誰かが見たとき、そしてその栽培する姿や、子供たちとうれしそうに収穫する笑顔を見たとき、「憧れ」や、「自分もやってみたい」という気持ちが引き起こされるでしょう。見る人に伝染していきます。

そんな喜びや楽しさ、素晴らしさが広がったら、世界はより心おだやかで、幸せな、調和のとれた場所へと変わっていくのではないでしょうか。

最後になりましたが、本書を書くチャンスと、僕の人生を丸ごと変えてしまうほどの転機を与えてくれた小祝政明さん、そしてそのBLOF理論との出逢いがすべての始まりでした。それがなければ本書の存在はなく、感謝の言葉もお礼の言葉も、とても短い言葉では言い尽くせません。

また、企画の段階から親切なアドバイスと励ましをいただいた農文協の後藤啓二郎さん、完成まで辛抱強くお世話いただいた編集の松久章子さん、そのほか、多くの方の助言やエールで、本書を仕上げることができました。

出版前に何度か開催した「家庭菜園講座」に集まってくれた方たちからも、新たな学びや発見、モチベーションを頂き、執筆の大きな力となっています。

それからなにより、日々の仕事と家庭菜園での栽培、本書の執筆、イラスト制作、もろもろ並行して行う中で、支えてくれた妻と娘。

この約一年で僕の生活スタイルも大きく変わりました。彼女たちの支え、励ましがなければ、本書を書くことはできなかったでしょう。二人とも、本当にありがとう。

この本が、家庭菜園で有機野菜つくりをするきっかけになり、ヒントになれたら、著者として望外の喜びです。

2023年3月

三澤明久

監修によせて

読者の皆さん。BLOFワールドへようこそ。

タイトルの『BLOF理論で有機菜園』にびっくりされた方もいらっしゃると思います。聞きなれない言葉だと思いますが､「BLOF理論」とはBiological Farming理論の略称で、日本語で「生態調和型栽培理論」と申します。巷でいう「○○農法」のような農法ではなく、植物の生理生態を科学的に理解して最適な栽培をする理論です。

家庭菜園をされる方のほとんどが、無農薬で栽培してみたいと思っているにもかかわらず、現実は虫だらけ、病気だらけ。対症療法的に諸々試みるもなかなかよい結果が出ない。なぜなら「なぜ、虫が寄ってきてしまうのか｣､「なぜ、たやすく病気になってしまうのか」などの理由が分かっていないからです。本書はそうした「なぜ」に根本から答えた書です。

読者の皆さんには、各章で語られている内容を注意深くお読みいただき、皆さん各自の菜園において実践してみてください。きっとおいしくてきれいな「作品」がつくれると思います。

最後に、皆さんとご家族の笑顔の団欒を祈願しております。

小祝政明

参考文献

『有機栽培の基礎と実際』(小祝政明著、農文協)
『有機栽培の肥料と堆肥』(小祝政明著、農文協)
『有機栽培のイネつくり』(小祝政明著、農文協)
『有機栽培の肥料と堆肥』(小祝政明著、農文協)
『有機栽培の野菜つくり』(小祝政明著、農文協)
『有機栽培の果樹・茶つくり』(小祝政明著、農文協)
『有機栽培の病気と害虫』(小祝政明著、農文協)
『実践!有機栽培の施肥設計』(小祝政明著、農文協)
『野菜も人も畑で育つ』(萩原紀行著、同文舘出版)

BLOF栽培に役立つ書籍、資材、土壌分析

書籍

『小祝政明の実践講座1 有機栽培の肥料と堆肥 つくり方・使い方』

（小祝政明著、1,800円＋税、農文協）

本書で紹介した「アミノ酸肥料」「中熟堆肥」などのつくり方と使い方のポイントを詳しく紹介。肥料、堆肥を自分でつくりたい方は必見。

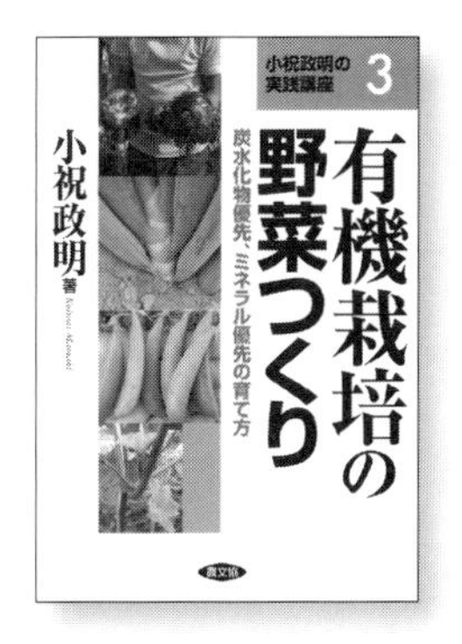

『小祝政明の実践講座3 有機栽培の野菜つくり 炭水化物優先、ミネラル優先の育て方』

（小祝政明著、2,700円＋税、農文協）

野菜を葉菜、外葉、根菜、イモ類、果菜、マメ類の6タイプに分け、それぞれの施肥設計とBLOF理論に基づいた栽培のコツを詳しく紹介。

※ほかにも小祝氏の著書は多数あります。本書カバー袖の書籍案内もご覧ください。

ジャパンバイオファーム（JBF）のサービス

資材販売

本書で紹介した各種BLOF資材をネット通販で全国に販売

JBFショッピング

https://shop.japanbiofarm.com/

資材購入はこちらから→

家庭菜園向けの小袋も販売しています。

土壌分析、施肥設計

◆土壌分析の受付

全国どこからでも申し込み可能。pH（土壌酸度）、リン、カリウム、カルシウム、マグネシウムの5項目を分析。1検体当たり2,500円（税抜き価格、価格は改定することがあります）

https://japanbiofarm-organicgarden.com/soil-analysis/485.html

土壌分析の申込みはこちらから→

◆施肥設計「BLOFware.Doctor」

クラウドサービス「BLOFware.doctor」は、（株）ジャパンバイオファーム（JBF）とNTTコムウェア（株）が共同開発したシステム。土壌分析の結果に基づいて、作物の種別ごとに最適な施肥設計が行えるほか、自分の畑の情報を登録・管理できる機能、BLOFのインストラクターから直接アドバイスをもらえる機能、また、BLOF理論のポイントを学べる「グローイングマップ」を参照できるなど、多くの機能が備わっている。ユーザー向けの無料セミナーも開催。

https://blofware.info/

著者 **三澤明久**（みさわ あきひさ）

1972年、長野県生まれ。仕事の傍らアマチュア演劇で役者として活動したのち、イラストレーターに。『ゼクシィ』『VOUGE』等の雑誌や広告などに幅広くイラストを提供。
ホテルグループの企画・広報マネージャーを経て、2021年ジャパンバイオファームに入社。
広報、カタログ・商品デザイン等を手掛ける。自身の家庭菜園でBLOF理論に基づく有機栽培を実践し、講演活動も行っている。

- AkihisaMisawa BLOFで家庭菜園
  https://akihisamisawa-vegetable-garden.com
- 著者Facebook
  https://www.facebook.com/akihisa.sawada.1/
- Facebookグループ「BLOF家庭菜園クラブ」メンバー募集中。お気軽にご参加ください。
  https://www.facebook.com/groups/918164505451788

BLOFで家庭菜園

著者 Facebook

BLOF家庭菜園クラブ

監修者 **小祝政明**（こいわい まさあき）

1959年、茨城県生まれ。有機肥料の販売、コンサルティングの（株）ジャパンバイオファーム（長野県伊那市）代表。一般社団法人 日本有機農業普及協会 理事長。
経験や勘に頼るだけでなく客観的なデータを駆使した有機農業の実際を指導。
著書に『有機栽培の基礎と実際』、『小祝政明の実践講座1 有機栽培の肥料と堆肥』、『同2 有機栽培のイネつくり』、『同3 有機栽培の野菜つくり』、『同4 有機栽培の果樹・茶つくり』、『同5 有機栽培の病気と害虫』『実践!有機栽培の施肥設計』（いずれも農文協）がある。

BLOF（ブロフ）理論で有機菜園
初めてでもうまくいくしくみ

2023年3月20日　第1刷発行
2024年4月25日　第2刷発行

著者　三澤明久
監修者　小祝政明
発行所　一般社団法人 農山漁村文化協会
〒335-0022 埼玉県戸田市上戸田2-2-2
TEL: 048-233-9351（営業）048-233-9355（編集）
FAX: 048-299-2812
URL　https://www.ruralnet.or.jp/
振替　00120-3-144478

デザイン　安田真奈己
イラスト　三澤明久
印刷・製本　TOPPAN（株）

ISBN978-4-540-22149-1
〈検印廃止〉